# LA VERDAD SOBRE LA LOCURA

# LOCURA

*El lado oscuro de la psiquiatría*

Alexander Rodríguez Guzmán

# PRÓLOGO

Cuando aparece un fenómeno dentro de una normativa bien establecida, existen dos reacciones para neutralizarlo: el rechazo o la asimilación. En realidad, ambas modalidades forman parte de una misma actitud: que nada altere el panorama por el que los grupos dominantes discurren cómodos.

La antipsiquiatría plantea una crítica radical a las relaciones psiquiatra-paciente. El psiquiatra es poseedor de unos conocimientos determinantes, producto de un momento social; y el paciente es un perturbado mental.

La antipsiquiatría realiza un análisis histórico acerca de los pseudotratamientos realizados desde que apareció la consigna de locura, perturbación, posesión como denominativa para designar a personas con comportamiento fuera de lo común. Sacando a flote lo que en verdad es la psiquiatría, una pseudociencia aún sin bases científicas.

La historia científica de la enfermedad mental y sus diversos aledaños, es reflejo de los distintos cambios sociales.

La realidad histórica es muy distinta, la trayectoria de la psiquiatría está jalonada por saltos en múltiples direcciones, por avances y retrocesos, por esclarecimientos y aberraciones. La psiquiatría sufre de diferentes aplicaciones. Existe, claro está, una finalidad aparente que siempre necesita figurar como meta explícita: la curación de los enfermos. Nada más vago y vidrioso que esta afirmación. ¿Curar qué? ¿Enfermos? ¿Por qué? ¿Y de qué?

Una misma sociedad produce seres a quienes otorga el título de pacientes y a otros confiere la denominación de psiquiatras, relacionándolos entre sí en pretendidos encuentros terapéuticos, que son en realidad muchas veces perfectas demostraciones de domesticación.

# LA PSIQUIATRÍA

La psiquiatría se define hoy en día como la ciencia que se dedica al estudio y tratamiento de las enfermedades mentales, teniendo como objetivos: Prevenir, diagnosticar, tratar y rehabilitar los trastornos de la mente.

Pero ¿crees que la Psiquiatría realmente vela por el bienestar del paciente antes que todo?

El objetivo de una ciencia es servir a la Humanidad, sin embargo a lo largo de este libro te darás cuenta de que la psiquiatría no ha cumplido con este fin. Entonces, ¿es en verdad una ciencia o quiere usar la máscara de la ciencia para sus propios beneficios y de quienes la practican?

La industria psiquiátrica se ha metido en cada faceta de nuestra vida, nos considera a todos como locos y, por lo tanto, necesitamos medicación lo antes posible. Los psiquiatras creen que más de mil millones de personas en el mundo están mentalmente enfermas. ¿Pero qué tan cierto es esto? ¿En verdad todos estamos psiquiátricamente enfermos?

## 1.    ¿Qué es el DSM?

El DSM es el Manual Diagnóstico y Estadístico de los Trastornos Mentales (por sus siglas en inglés), el cual contiene toda la clasificación de los trastornos mentales, proporcionando descripciones de las categorías diagnósticas, con el fin de que los clínicos y los investigadores de las ciencias de la salud puedan diagnosticar, estudiar y tratar los distintos trastornos mentales. Desde que apareció la primera versión del DSM, las enfermedades mentales descritas en él, han ido en aumento. En la actualidad, en su quinta versión, aparecen nuevas enfermedades, tantas que es casi imposible escapar de alguna de ellas.

Si tú crees que eres normal, solo basta con que revises lo que esta dice, como para que entres dentro de alguna clasificación. Para la psiquiatría estás loco y aún no te has dado cuenta.

Aunque la psiquiatría diga lo contrario, el DSM clasifica a las personas mediante los trastornos que supuestamente padecen, catalogándolas como un código de diagnóstico, lo cual es un indicio de discriminación.

El DSM V viene con nuevos diagnósticos, incluyendo el síndrome de acaparamiento y abstinencia del cannabis. Por otro lado, ha eliminado y combinado otras, por ejemplo, hasta la década de 1970, la homosexualidad aparecía en el manual como una enfermedad, sin embargo hoy ya no es considerada como tal.

Ante esto, las personas están tan confundidas. ¿Qué es en verdad la locura?, se preguntan. El DSM V no distingue entre las causas subyacentes de los síntomas asociados con los diagnósticos. Sin embargo, el manual también arroja luz sobre el estado actual de la salud mental en el mundo, y esto es trágico.

El uso de la marihuana medicinal ha dado lugar a un diagnóstico clínico de "abstinencia del cannabis", por ejemplo. Mientras tanto, en una sección de prueba especial del DSM V para condiciones que requieren una mayor investigación, ahora hay "trastorno de juegos en Internet", junto con los trastornos relacionados con el suicidio debido a "un mayor reconocimiento de la ideación suicida".

Millones de personas saludables, niños tímidos o rebeldes y parientes afligidos por la muerte de un ser querido, son etiquetados como mentalmente enfermos por el DSM V.

Muchas personas que son tímidas, que están desconsoladas por la muerte de un familiar, o tienen vidas románticas poco convencionales, de pronto se verán catalogadas como mentalmente enfermas. Esto no es humano, no es científico y no ayudará a decidir qué ayuda necesita una persona.

Más de 11,000 profesionales de la salud firmaron una petición solicitando que se detenga la quinta edición del manual y se replanteen ciertas cuestiones.

Algunos diagnósticos como el "trastorno oposicional desafiante" y el "síndrome de apatía", se arriesgan a una devaluación de la seriedad de la enfermedad mental y a medicalizar conductas que la mayoría de las personas considerarían normales o simplemente algo excéntricas.

Al otro lado del espectro, el nuevo DSM podría otorgar diagnósticos médicos a abusadores y violadores bajo etiquetas como "trastorno coercitivo parafílico", lo que les brindaría la posibilidad de evitar la prisión, probando lo que podría ser visto como una excusa para su conducta.

¿Necesitamos todas estas etiquetas?

Wessely manifestó que el Censo de 1840 de Estados Unidos incluía solo una categoría de trastorno mental, pero que en 1917 la APA ya reconocía 59. Esa cifra aumentó a 128 en 1959, a 227 en 1980 y se llegó a catalogar unos 350 trastornos diferentes en las revisiones del DSM en 1994 y el 2000.

Allen J. Frances, de la Duke University y jefe del comité que controló la revisión previa del DSM, dijo que la quinta edición "expandiría radicalmente y de manera imprudente las fronteras de la psiquiatría", y provocaría una "medicalización de la normalidad, las diferencias individuales y la criminalidad".

"La locura y el sufrimiento existen, pero se presentan de muchas formas y con distinto grado", "Nos arriesgamos a tratar la experiencia y la conducta de las personas como si fueran especímenes botánicos esperando por ser identificados y categorizados en etiquetas rígidas".

"Eso en sí sería una forma de locura colectiva para todos aquellos cómplices del ejercicio continuo pseudo-científico".

La depresión es el ejemplo clave en el que yerran las categorías amplias del DSM. Mientras que en ediciones previas, una persona que perdió recientemente a un ser amado (hecho que impacta en su estado de ánimo) era considerada alguien que experimentaba una reacción humana normal al sufrimiento por esa pérdida. Los nuevos criterios del DSM ignorarían la muerte, mirando solo los síntomas y clasificando a ese sujeto como un paciente con depresión.

Otros ejemplos de diagnósticos calificados por los críticos como problemáticos incluyen el "trastorno del juego", el "trastorno por adicción a internet" y el "trastorno oposicional desafiante", una condición en la que un niño se "resiste activamente a cumplir con la mayoría de los pedidos" que se le hacen y "realiza acciones deliberadas para enojar a otros".

"Esto implica básicamente a los chicos que dicen 'no' a sus padres más de una cierta cantidad de veces". "Con ese criterio, muchos de nosotros tendríamos que decir que nuestros hijos están mentalmente enfermos".

Muchos especialistas critican no solo la imparable y alarmante ampliación de categorías diagnósticas, sino que destapan la existencia de graves conflictos de intereses económicos con industrias farmacéuticas en muchos de los expertos que trabajan en su elaboración. La medicina y la enfermedad la fabrican los mismos.

La industria farmacéutica enfocada a los trastornos mentales sigue el principio de "dale un nombre de enfermedad y yo te haré un medicamento".

Aunque el DSM es considerado una "biblia" en el campo de la Psiquiatría y la Psicología, no todos los profesionales en salud mental están de acuerdo con este documento; los mismos profesionales en estos campos, refutan y critican muchas categorías psiquiátricas por considerarlas absurdas.

"El DSM V se propone dar atención médica a personas con problemas de todos los días, que no están enfermos, y esto más bien podría perjudicarlos en lugar de ayudarlos".

Testimonio de Karina (Paciente):

- Al principio, el psiquiatra dijo que tenía ADD, luego que tenía depresión. Luego dijo que podía ser bipolar, pero que ya no era ADD. Él mismo se contradecía.

En la actualidad, no hay ni un indicio de evidencia creíble que ningún científico respetable considera válido, que pruebe lo que llaman enfermedad mental, sea cerebral o bioquímica. Es un completo fraude decir que todas las enfermedades psiquiátricas tienen origen fisicoquímico. Por tal razón, no existe diagnóstico fiable, lo que convierte a la psiquiatría en una pseudociencia y no en una ciencia.

Para medicar a un paciente, tiene que haber un diagnóstico médico, el cual se basa en el conjunto de síntomas físicos, solo después de esa evaluación, se puede medicar. La psiquiatría viola estas reglas médicas, y medica enfermedades que no tienen ninguna huella fisiológica, que ni siquiera se conocen a plenitud y que solo son fruto de la especulación.

Después de tantas revisiones, reediciones y contradicciones, aún el DSM no ha logrado ninguna "clasificación científica" de los trastornos mentales. Lamentablemente, hasta hoy el DSM solo ha sido un instrumento para el fraude y el lucro de las industrias farmacéuticas, que, "vaya casualidad", auspician las reediciones del manual.

Para el DSM todos padecen una enfermedad mental. Si no la encuentra, se la inventa, y luego obviamente la médica. Si hoy son los antidepresivos, mañana serán los ansiolíticos; si no son antipsicóticos, serán hipnóticos porque, la psiquiatría medica a todos por igual, no entendemos entonces el porqué existe una clasificación y diferenciación de enfermedades si a todos los pacientes les dan los mismos medicamentos. Y este consumo elevado de drogas a nivel mundial vuelve a los pacientes adictos. Y lo que es peor, no encuentran el alivio a sus molestias en las milagrosas pastillas. Sus vidas se convierten en un infierno y las grandes empresas farmacéuticas se enriquecen a costa del sufrimiento de los demás.

Es uno de los secretos a voces de toda América en el campo de la psiquiatría: que nada, nada de lo que hacen es legítimo y cobran por ello, porque aún no hay fundamentos científicos fiables, todo hasta ahora es especulación.

Los psiquiatras afirman que más de mil millones de los habitantes del planeta están mentalmente enfermos. En los últimos 30 años han prescrito medicinas psiquiátricas a 543 millones de personas, y ahora mismo drogan a 17 millones de estudiantes, niños y jóvenes con estimulantes y antidepresivos.

Al preguntarles recientemente sobre la base científica de su profesión, los psiquiatras no supieron argumentar una respuesta fiable, sólo dieron excusas.

La psiquiatría es la única especialidad médica en que el tratamiento involuntario y aún la hospitalización involuntaria se usan frecuentemente.

Los "trastornos" psiquiátricos no son enfermedades médicas. No hay exámenes de laboratorio, escáneres cerebrales, rayos X o pruebas de desequilibrio químico que puedan verificar que cualquier trastorno mental es una condición física. Esto no quiere decir que las personas no se depriman, o que la gente no pueda experimentar presión emocional o mental, pero la psiquiatría ha reenvasado estas emociones y comportamientos como "enfermedad" para vender los fármacos. Se trata de una campaña de marketing brillante, pero no es ciencia.

Dispuestos de ser entrevistados no dijeron más que excusas.

- La enfermedad psiquiátrica no es realmente una enfermedad….

Psiquiatra alemán

- ¿Cómo evalúas si alguien está curado o enfermo?... Psychiatrist México.

- Una cura es lo que buscamos y ni idea de cómo conseguirla. Psychiatrist United States.

- No sabemos lo que causa la enfermedad mental. Psychiatrist Norway.


Pero eso no les ha impedido declararse expertos en salud mental y tratar a la gente en contra de su voluntad. Los resultados:


Testimonio de Robert:

- Este psiquiatra, que se supone trabajó para curar a la gente, no ha hecho más que destruir la vida de este hombre. Y al destruir su vida destruye la vida de quienes lo aman…


Testimonio de Robert – Son Misdiagnosed and Drugged

- Lo mantenían atontado y drogado con ritalin para cobrar 2500 dólares al mes.

Testimonio de Martha – Confined to Psychiatric Hospital.

- Me dio valium y me volví adicta a él.


Testimonio de Cynthia – Electroshock Victim

- Acabó con mi vida.


Testimonio de Esteve – Daughter Prescribed Overdose Of Psychiatric Drugs.

- Estaba ahí en el suelo, dos alientos y murió ahí mismo frente a mí.

Estos testimonios que acabas de leer, multiplícalos por millones, porque en las últimas cuatro décadas murieron en hospitales psiquiátricos del gobierno, casi el doble de americanos que en todas las guerras de los estados unidos desde 1976.

Las compañías de seguros pagan 69 mil millones de dólares al año por servicios psiquiátricos, doblando el costo de las primas de seguros médicos.

Y mientras embolsan más de dos millones de dólares al año, las psiquiátricas no pueden mostrar ni una sola cura. ¿Alguna vez has conocido alguien que se haya curado gracias a la psiquiatría y los medicamentos que esta te da?

## LOS ORÍGENES DE LA PSIQUIATRÍA

Las raíces de la psiquiatría tienen que ver con el control, poder y la marginación de ciertos grupos que era incomodo tener cerca. Los encerraban en esos lugares para apartarlos. La historia de la psiquiatría está relacionada con los manicomios.

La locura es definida y tratada en cada cultura y en cada época histórica de forma particular, de acuerdo con las ideas de la época. La locura no es un dato objetivo, sino un dato histórico y social, porque dependiendo de la época en la que se presentaba, era tratada de múltiples formas.

Los antiguos creían que la locura era obra de los dioses, por lo tanto sagrada. Los dioses enviaban la locura como castigo o venganza.

En esta época, las personas no eran culpabilizadas por su trastorno; eran más bien consideradas como víctimas inocentes de fuerzas sobre las que no tenían control alguno. Tres dioses de la mitología griega estaban asociados a la locura:

- Até ( insensatez, engaño)
- Manía (Locura, demencia)

- Dioniso (Éxtasis)

El hospital Bethlenhem Royal de Londres fue una de las primeras instituciones psiquiátricas del mundo, fundado en 1247, el hospital no era más que un depósito para quienes se creía que estaban locos. Si querías deshacerte de alguien, pues este era un buen lugar donde dejarlo.

Se encerraban a los pacientes en jaulas, closets y establos, se les encadenaba a la pared y se les azotaba sin piedad. Mientras el hospital cobraba la admisión para que el público los viera, como se miran los especímenes raros.

En la Edad Moderna se clasifica a los locos en tres grupos: furiosos, deprimidos y tranquilos.

A los furiosos, se los amansa mediante ayunos, palos y duchas frías. De no resultar, se los instala en el cepo. Como última medida, se les fija a un muro, mediante una cadena corta.

Los deprimidos son cuidados en su domicilio. Se les aísla en una habitación separada del resto de la familia y a menudo se les oculta de las relaciones sociales.

Los más tranquilos alternan con la familia y las amistades, al no constituir peligro.

En el siglo XVIII, el Dr. William Battie fue el primero en promover que sus hospitales podrían curar a los enfermos mentales.

Los manicomios de este doctor lo hicieron el hombre más rico de Inglaterra, aunque sus tratamientos eran tan inhumanos como los practicados en Bethlenhem Royal. Sin un solo paciente curado, nadie que entro ahí volvió a salir curado.

Su éxito financiero despertó un auge del negocio de los manicomios y la oportunidad para que los psiquiatras se aprovecharan de esta nueva industria.

Era una época donde en ambos lados del Atlántico se comenzaron a construir instituciones mentales en grandes cantidades. Estas instituciones se remontan comienzos del siglo XVIII, y unos pocos casos incluso antes. Pero el crecimiento explosivo del sector institucional, el "manicomiado", como se denominó, es principalmente un fenómeno del siglo XIX. Es cuando se persuade al estado para usar los impuestos para construir estos lugares. En este momento, los manicomios pasaron a ser el producto de una decisión política.

Pero mientras los que dirigían los hospitales se hacían ricos, a los psiquiatras, sin embargo, les faltaba credibilidad para aumentar al máximo sus ingresos.

Para justificar su profesión necesitaban mencionar soluciones biológicas, o no tenían ninguna profesión. La única forma de resolverlo era que comenzaran a creer que el que las personas sufrieran desórdenes emocionales, se debía a algo biológico.

Cualquier cosa hecha para hacer a la persona más controlable sencillamente se llamaría tratamiento y la triste realidad es que muchos de los tratamientos son en esencia una tortura.

Los aparatos para casi ahogar fueron de ese período y debieron de haber sido espantosos.

Un aparato consistía en poner al paciente en un ataúd, cerrar la tapa y sumergirlo en una bañera de agua y luego abrirla y tratar de revivir al paciente. El índice de mortalidad era muy alto.

Entonces los psiquiatras buscaron dar crédito a su ejercicio, disfrazándolo con el lenguaje de la medicina. Para darle una nueva imagen al tratamiento se le llegó a conocer como Modelo Médico.

Según este método, vendar y te sumergir a alguien hiperactivo y maniaco en agua, suprimirá sus acciones anormales. Es un tratamiento brutal.

Al empezar a desaparecer los síntomas, creían que envolverlos y sumergirlos en agua fría, drenaba las toxinas de su cuerpo. Así que montaron un modelo médico en torno a eso.

Llevando más allá la teoría biológica de la enfermedad mental, un norteamericano, Benjamín Rush, propuso la idea de que la locura la causaba demasiada sangre en el cabeza. La cura: quitar la sangre por cualquier medio: inmovilización, agua helada, sangrado, incluso el terror, y con eso se creó un nuevo modelo médico.

Benjamín Rush fue el terapeuta americano de la revolución americana. Rush, conocido como el maestro sangrador, sangraba a sus pacientes dementes casi hasta la muerte.

Rush anunció, en una carta, que inventó un nuevo artefacto: "el tranquilizador", que consistía en una maquinaria parecida a la silla eléctrica. El paciente era confinado en este aparato, a veces con agua fría sobre su cabeza por horas seguidas.

Los procedimientos a menudo letales de Rush, se detallaron en su manual de 1812 que siguió siendo la fuente autorizada de la psiquiatría durante 70 años. Este manual era tan venerado, que en 1965 a Rush lo consagraron como el padre de la psiquiatría americana.

A fines del siglo XIX, los crecientes fracasos de la psiquiatría en curar la locura, amenazaban sus ganancias financieras, abrigándolos a inventar nuevos "modelos médicos".

No se entregaron las curas prometidas. Así que entre 1860 y 1870, un creciente ambiente de pesimismo cubría Europa y Norteamérica, pues las nuevas instituciones crecían en tamaño, pero no crecían en eficacia.

El siglo XX trajo más modelos médicos: el psiquiatra norteamericano Henry Cotton mutilaba a sus pacientes quitándoles partes del cuerpo y declaró que este era un gran avance para tratar enfermedades mentales.

El objetivo eran los dientes y luego las amígdalas y los senos paranasales. Al no mejorar los pacientes, el entusiasmo por ese tratamiento comenzó a ir más abajo en el cuerpo, diciendo: "Claro, los pacientes han tragado bacterias en la saliva. Así que hay que quitar el estómago, el bazo, el colon".

Al aumentar la indignación del público por la tortura y mutilación de pacientes, los psiquiatras inventaron nuevos métodos, cada uno aclamado como cura milagrosa, pero cada uno no resultó ser más eficaz ni menos brutal que el anterior.

Esta es la historia de la psiquiatría: dañar al paciente. Es una versión del modelo original que era encadenarlos como animales. Si se le hace a alguien porque se insiste en que tiene que cambiar, y se hace "ajustando las tuercas" se podría decir, ya sea medicación, restricción, lo que sea, que es tortura.

Una gran parte de lo que la psiquiatría ha hecho se reduce a la tortura.

Al avanzar el siglo XX la psiquiatría continuó buscando legitimidad al transformarse en disciplina médica. Pero no solo lograron formas más eficientes para infligir tortura mental, física y la muerte.

Un legado que ha continuarlo hasta la psiquiatría moderna con su modelo médico más redituable: la drogadicción masiva de millones de personas. Para lograrlo, los psiquíatras primero tenían que destrozar una de las creencias más preciadas de la humanidad; que la gente no era lo que pensaban que era.

Cuando hablamos de enfermedad mental, estamos hablando en sentido figurado, como cuando alguien declara que la economía del país está enferma. Los diagnósticos psiquiátricos son etiquetas estigmatizadoras aplicadas a personas cuyas conductas molestan u ofenden a la sociedad. Si no hay enfermedad mental, tampoco puede haber hospitalización o tratamiento para ella. Desde luego, las personas pueden cambiar de comportamiento, y si el cambio va en la dirección aprobada por la sociedad es llamado cura o recuperación. Así pues, lo que la gente llama enfermedad mental como tal, no existe. Lo que hay son conductas, conductas anormales. Enfermedades son cosas como el cáncer y la hipertensión, por ejemplo.

## EL HOMBRE REDEFINIDO

En la Universidad de Leipzig (Alemania) en 1879, el profesor Wilhelm Wundt experimentó con los sentidos humanos, Wundt declara que los pensamientos, personalidad y comportamiento del hombre, no son más que reacciones químicas del cerebro.

Wundt quedó frustrado por su incapacidad para cambiar el comportamiento humano, ya que estuvo tratando con la psicología original, que es la psique, el alma.

Creó una ciencia nueva, que se basaba en que el ser humano era un animal sin alma, no un ser que piensa, un ser al que se tiene que entrenar.

Estudiantes de todo el mundo se reunieron para estudiar la nueva definición del hombre por Wundt como un organismo sin alma. El espíritu de la época lo resumió el filósofo alemán Friedrich Nietzsche (1882), "Dios está muerto, Dios sigue muerto, y nosotros lo hemos matado".

Siguiendo la teoría de Wundt, el ruso Ivan Pavlov experimentó con animales buscando métodos de modificar el comportamiento.

Pavlov estudió en el laboratorio de Wilhelm Wundt en Leipzig a finales de 1800, donde experimentó con perros conectándoles electrodos y estimulo-respuesta, negando privilegios, negando premios.

Notó que al poner comida delante de animales, lo perros en particular, comenzaban a salivar. Así que tocaba una campana cuando traía comida, luego en vez de traer comida solo tocaba la campana, los perros se excitaban y empezaban a salivar. A este fenómeno lo llamó "reflejo condicionado". La salivación tras oír la campana es una respuesta condicional que depende de la relación que en la historia del perro ha existido entre el sonido y la comida. Este estímulo condicional (sonido) funciona para el perro con esa historia como una señal que avisa que el estímulo incondicional (comida), está a punto de aparecer.

Los primeros sujetos humanos de Pavlov fueron niños, les perforaba las mejillas para reunir y medir su saliva.

El condicionamiento pavloviano se convirtió en la base de gran parte de la investigación conductista en el siglo XX.

La idea de que se podía controlar el comportamiento con condicionamiento repetitivo se conocía como conductismo.

Los conductistas creían que los niños eran animales y se les podía entrenar.

De hecho, John Watson, el más famoso de los conductistas, dice que se tiene que tratar o ver a los seres humanos del modo que mirarías a un buey en un matadero.

Los conductistas no están interesados en lo que pasa en tu cabeza o tu alma. Porque no creen que exista un alma.

El conductismo es un movimiento en la psicología que avoca el uso de procedimientos estrictamente experimentales para la observación de conductas (respuestas) con relación al ambiente (estímulo).

El conductismo desprecia lo congénito a favor de lo puramente adquirido. El mismo Watson en 1925 llegó a afirmar que un recién nacido tiene un repertorio de reacciones muy limitados tales como reflejos, reacciones posturales, motrices, glandulares y musculares que afectan al cuerpo pero que no son rasgos mentales, puesto que el niño nace sin instinto, inteligencia u otras dotes innatas y será solo la experiencia ulterior la que caracterizará su formación psicológica.

Watson proponía que se le diesen una docena de niños sanos. Mediante la aplicación de técnicas conductistas, él los transformaría en doctores, magistrados, artistas, comerciantes, independientemente de sus hipotéticas "tendencias, inclinaciones, vocaciones, raza de los antepasados". Se olvidaba del software fundamental de los niños que no es mensurable, no se crea ni destruye porque es virtual o conocido como singularidad virtual superpuesta. El conductismo rechaza la idea del alma o de una mente inmaterial. Busca adoptar un punto de vista estrictamente "científico".

La idea básica del conductismo era que la psicología debe ocuparse solo de fenómenos observables, esto es la conducta, y excluir por completo ideas, emociones o la experiencia subjetiva.

El sucesor de Watson, el psicólogo de Harvard B.F. Skinner, creía que todo comportamiento podría manipularse para adaptarse a cualquier fin que el psicólogo conductista buscase.

Skinner desarrolló el condicionamiento, donde muestra que se puede cambiar el comportamiento animal mediante ciertos horarios de reforzamiento, dándole premios ciertas veces.

Se puede enseñar a un pichón a jugar pin pong, y a las ratas a correr en los laberintos. Y a los seres humanos a buscar ciertas recompensas económicas o de la sociedad.

Con frecuencia el análisis se ha dejado de lado porque se le considera "todo relacionado con reflejos condicionados" o con "la formación de un hábito en laberintos".

Skinner podía modelar el comportamiento, y esto es realmente lo que lo hizo famoso muy pronto. Su experimento más famoso es la "caja de Skinner".

Skinner ideó un mecanismo con la intención de conocer el aprendizaje y las reacciones animales. En su versión más elemental, es una simple caja que aísla absolutamente del mundo exterior a su contenido. Y tiene una palanca. En la caja, Skinner introducía un animal, normalmente palomas o ratones. Skinner planteó el experimento para que se relacionase el accionamiento de la palanca con la obtención de comida. Así, cada vez que un ratón presionaba la palanca, se le recompensaba con comida. Los ratones pronto advirtieron la relación causal entre la palanca y la comida.

Todo estaba controlado en la caja: la temperatura, las luces, etc.

Se criticó a Skinner por crueldad con los animales. Algunos le achacaban que lo que los animales desarrollaban en la caja eran neurosis agudas, alteraciones del comportamiento debidas al sometimiento a condiciones antinaturales.

Pero ahí no quedo todo, Skinner empezó a usar su caja con seres humanos, niños en especial.

La idea es dar a los niños cierto estímulo para que aprendan a reaccionar.

Durante casi un año, Skinner aisló a su hija en una caja, similar a las que construyen para las ratas.

Se estimuló a la niña que tenía que responder de cierto modo, como un pollo o una rata en una jaula, porque Skinner creía firmemente que los niños son como animales.

Si crees que un niño es un ser humano no lo entrenas como a una rata, dijeron muchos críticos acerca de la teoría de Skinner.

Hoy en día el instituto de salud mental de EE.UU. paga casi cuarenta millones de dólares al año, del dinero de los contribuyentes, para la investigación de psicología conductista; lo que hace un total de 2 680 000 000 millones (hasta el año 2015 desde 1948).

Con esos fondos, los psiquiatras aplican las mismas técnicas de condicionamiento desarrolladas por Pavlov, Wastson y Skinner.

Un buen ejemplo es un Centro de Detección Juvenil, donde se conecta a los niños a baterías de 270 voltios, se les dan cargas eléctricas en la llamada "Terapia de la reversión".

Antoine tenía problemas porque estaba en un centro, se le daba cargas eléctricas cuando hacía algo; había un botón de control a distancia que podía ser usado y presionado.

Recibían una carga adicional por tratar de quitar el electrodo. Debían sentarse ahí y dejar que esta electricidad pasara por su piel sin intentar quitarlo. Si gritaban antes del choque eléctrico, les darían una carga eléctrica con mayor duración.

El costo de enviar a estudiantes de Nueva York al Judge Rotenberg, es de unos 214 000 dólares por estudiante. Estos estudiantes son torturados; se les dan electrochoques sin otra razón más que infligir dolor.

Otras técnicas incluyen administrar electrochoques para tratar el desvío sexual. El lanzar fuertes impulsos magnéticos al cráneo para interrumpir la actividad cerebral y el disparar alto voltaje a través de electrodos implantados quirúrgicamente para reprimir el comportamiento problemático. Todo esto cuesta hasta 100 000 mil dólares por paciente. Y mientras estas ciencias sin alma llevaron a técnicas de modificación del comportamiento que aún generan miles de millones de dólares en investigación, en tratamientos, también cimentó otro movimiento psiquiátrico que causaría la muerte de millones de personas.

En enero de 1945, casi al término de la Segunda Guerra Mundial, se expone todo el horror de la Solución Final de Hitler, con las atroces factorías de muerte, un hecho sin igual en la historia.

Tumbas masivas llenas de cadáveres de hombres, mujeres y niños asesinados por inanición, balas y gas venenoso.

Los judíos sufrieron gran discriminación. Eran seres humanos ordinarios, pero solo por sus creencias religiosas sufrieron injustamente por la ignorancia de ese tiempo. Alrededor de 6 000 000 millones murieron en centros de concentración. Inclusive se le quitó la vida a todos aquellos que tuvieran un mínimo de tres abuelos judíos o un padre, sin importar que pertenecieran a esta religión. Todo con el fin de mantener la "raza pura".

¿Qué pudo conducir al hombre a cometer tales atrocidades contra sus semejantes?

## LA PSIQUIATRÍA: LOS HOMBRES TRAS EL HOLOCAUSTO

La respuesta a esto es la pseudociencia llamada eugenesia, creada y promovida por psiquiatras, décadas antes de que lo nazis llegaran al poder.

El movimiento eugenésico comenzó en 1883 con Francis Galton. Él pensaba que los seres humanos deberían encargarse de la evolución y que los individuos con más talento, lo individuos más sanos, los más atractivos, deberían tener más descendencia.

La Eugenesia es una filosofía social que defiende la mejora de los rasgos hereditarios humanos, mediante diversas formas de intervención manipulada y métodos selectivos de humanos. El origen de la eugenesia está fuertemente arraigado al surgimiento del darwinismo social.

El eugenismo pretendería el aumento de personas más fuertes, sanas, inteligentes o de determinada etnia o grupo social para lo que promueve directa o indirectamente la no procreación de aquellos que no poseen esas cualidades, llegando a considerar su aplicación como una ventaja en el ahorro de recursos económicos para los países.

Los psiquiatras estaban muy preocupados de que la gente que consideraban con genes pobres, se reprodujeran más rápido que la que consideraban de buenos genes.

Pensaron que una solución médica podría ser apropiada. Lo que llevó a la esterilización. La esterilización de los enfermos mentales. De los retrasados, de la gente que no nos agrada política y sociológicamente.

El problema no es con la genética; el problema es una farsa genética usada para justificar políticas sociales inhumanas.

Sin embargo, a principios del siglo XX la eugenesia se había extendido a casi 30 países; de Inglaterra a Brasil, México, Suecia, Rusia y en particular

EE.UU., donde la esterilización forzada se practicaba ampliamente.

La eugenesia en Alemania era diferente del movimiento eugenésico de EE.UU., donde había muchos más doctores y psiquiatras. En 1905, Alfred Ploetz, pionero de la eugenesia alemana y del control de la población de los que considera inferiores, junto con su cuñado Ernst Rüdin, establecieron la primera organización para la higiene racial.

"...Todas las naciones tienen que cargar con un cantidad extraordinaria de inferiores, débiles enfermizos, lisiados. Con sabia legislación de esterilización, podríamos lograr la racionalidad en la reproducción...".

Adolf Hitler, particularmente, admiraba al eugenista americano Madison Grant. Hitler proclamó que el libro de Grant, La desaparición de la gran raza, era su biblia personal.

Grant fue soltero toda la vida, un hombre sin hijos, fue considerado un destacado naturalista científico de su tiempo. Grant estaba profundamente asqueado de la mezcla de razas europeas. Creía que el fundamento de nuestra vida nacional y cultural descansaba en la pureza racial y apoyaba esta opinión con la acción.

Usando a Darwin y la genética mendeliana para apoyar sus argumentos, Grant dijo rotundamente que las diferentes razas no se mezclan, que la mezcla "da una raza que revierte al tipo más antiguo e inferior". Un "cruce entre cualquiera de las tres razas europeas y un judío es un judío".

Además, sostenía que la cultura está determinada por la raza. Los alpinos siempre han sido campesinos; los mediterráneos, artistas e intelectuales; pero "el hombre blanco por excelencia" era el nórdico conquistador rubio del Norte: exploradores, luchadores, gobernantes, aristócratas, organizadores del mundo.

En la Norteamérica primitiva, la raza era puramente nórdica, pero ahora los híbridos que pululaban la amenazaban con la destrucción, excepto en unas pocas zonas de pureza racial, como Minnesota.

Madison Grant percibía la democracia como un sistema político que violaba los hechos científicos de la herencia, al igual que lo hacía el cristianismo, al favorecer al débil. Esto llevaba inexorablemente a la decadencia biológica.

En su libro Mi lucha, Hitler aclamó la eugenesia como la ciencia que reconstruiría Alemania.

"...Al que no esté sano física o mentalmente, no se le permite perpetuar su enfermedad en el cuerpo de sus hijos. El derecho de libertad personal se retira ante su deber de preservar la raza..."

Mi lucha parte de una lógica de inclusión y exclusión que busca, en principio, fomentar el nacionalismo. En aras de alcanzar este objetivo, Hitler hace uso de un discurso retórico, en términos sofistas, donde solo importa convencer más allá de los argumentos válidos, y donde el público no es tratado como un conjunto de personas con pensamiento crítico, sino como la "masa" a la que hay que convencer.

Los eugenesistas alemanas dieron la bienvenida a la llegada de los nazis, porque los estos podrían financiar cada uno de los programas que tenían en mente.

Los nazis les dieron apoyo financiero, político. A cambio, los psiquiatras les dieron a los nazis una justificación médica para sus políticas de genocidio."

Algo así como el 40% de los psiquiatras alemanes se unieron a la SS (Sociedad Sovietica) para 1933. No se les forzó, se unieron naturalmente, por su similitud de creencias. Ernst Rüdin y su obra condujeron directamente hacia la decisión de pasar de la esterilización al asesinato.

Su plan era sencillo, primero convencer al público que los débiles mentales quieran escapar de la carga de sus existencia pero no podían expresarlo y que matarlos era un acto piadoso; luego extender la definición de inferior, para incluir a los Testigos de Jehová, judíos, gitanos, homosexuales, todos indignos de vivir, los psiquiatras produjeron películas de propaganda, conocidas como películas de matanza nazi proyectadas en los 5300 cines de Alemania.

"…La enfermedad mental es un mal hereditario, un gran peligro para la salud de la nación. Es un error pensar que tales pacientes sienten felicidad o apego a la vida. No son conscientes de la existencia. Los que sufren estas cargados de un destino pesado: una existencia sin vida…"

La Aktion T4 (1939-1941) fue un programa, llamado eutanasia, creado y ejecutado bajo la responsabilidad principal de médicos y enfermeras durante el régimen nazi para eliminar a personas señaladas como enfermos incurables, niños con taras hereditarias o adultos improductivos.

El programa se realizó en seis centros situados en Alemania y en la Austria anexionada: Grafeneck (Baden-Wurtemberg), Brandeburgo, Bernburg (Sajonia-Anhalt), Hartheim (Austria), Sonnenstein (cerca de Pirna, Sajonia) y Hadamar (cerca de Limburgo, Hesse).

Entre las personas asesinadas se encontraban hombres y mujeres de todas las edades, desde niños "que fueron los primeros asesinados" hasta ancianos. Había entre ellos enfermos mentales y portadores de enfermedades o defectos hereditarios, según criterios médicos. Por ejemplo, determinados grados de epilepsia podían suponer el asesinato del enfermo, su eutanasia.

Las víctimas de la Aktion T4 fueron personas que, según los criterios médicos vigentes, consecuentemente propagados por la ideología nazi, eran consideradas y presentadas como vidas indignas de ser vividas y cuyo asesinato era una acción tanto de compasión hacia el enfermo como en beneficio de la comunidad en general (Volksgemeinschaft). Así se intentó conseguir también el apoyo de la población para este tipo de programas médicos, tales como el de esterilización masiva de enfermos y el de eutanasia. La propaganda hacía hincapié en que aquellas personas, además de llevar una vida indigna de vivirse, representarían una carga económica y un impedimento para el futuro de Alemania y su "raza"

Primero comenzó con violencia pasiva, inanición. Se intensificó con inyecciones letales y, finalmente, se desarrolló hasta el gaseo y la cremación sistemáticos. Su sede principal se estableció en Berlín con el infame nombre de código T4 - Tiergartenstrasse, Sede Psiquiátrica. El programa T4 fue nombrado por la calle, Tiergarten N° 4 que esencialmente con el tiempo resultó en el asesinato de 70.000 personas, que fueron consideradas retrasadas, perturbadas o minusválidas por los alemanes. Se les llamó "indignos de vivir".

El asesinato se probó en hospitales psiquiátricos de Alemania y luego llegó a los campos de concentración. Con los psiquiatras al mando, Paul Nitsche, director de T4, declaró: "La clasificación en los campos de concentración, era algo por el estilo y con los mismos criterios de evaluación, que las instituciones mentales".

Seis millones de judíos murieron en los campos como resultado del exterminio nazi. Ernst Rüdin felicitó a Hitler por hacer realidad su sueño de 30 años.

Después de la rendición nazi, se realizó un tribunal internacional de justicia para enjuiciar a los psiquiatras por sus crímenes de guerra. Pero los psiquiatras americanos, temiendo un golpe permanente al futuro de la psiquiatría, intervinieron echándole la culpa a unos cuantos psiquiatras alemanes.

Hubo médicos enjuiciados, pero fueron muy pocos. Ernst Rüdin volvió a Suiza al terminar la guerra; no pasó ni un minuto en prisión.

Una de las cosas más extrañas del legado de la ciencia nazi, es que algunos de los más repugnantes psiquiatras eugenistas volvieron a trabajar al terminar la guerra, ya sea en Alemania o a veces en Estados Unidos.

Lo que empezó como un plan psiquiátrico para eliminar a la indeseable humanidad ahora se ha expandido por el mundo civilizado y fue responsable del asesinato de 11 millones de personas. Los psiquiatras nunca fueron llevados ante la justicia; ellos continúan promoviendo la eugenesia en todo el mundo y hoy vemos los resultados en el racismo, la miseria humana y el conflicto social sin fin.

## LA PSIQUIATRÍA: CREANDO RACISMO

Después de la Segunda Guerra Mundial, una nueva eugenesia resucitó de las cenizas de la antigua eugenesia. El movimiento eugenésico ha sido vanguardia para establecer el racismo, que justifica la opresión, la explotación y el racismo.

De hecho, el racismo es inseparable de las raíces de la psiquiatría. La historia comienza con las conclusiones científicas hechas en la década de 1830, un esfuerzo por probar la inferioridad intelectual de los afroamericanos.

Benjamín Rush es el padre de la psiquiatría moderna, y es el que nos proporcionó el término "negritud". Dijo que todos los negros han heredado esta enfermedad y esta enfermedad en particular causa que sean inferiores, además esa era la razón de que los negros permanecieran segregados y separados de los blancos para que no la heredaran.

Afirmando que la negritud era una forma de lepra, Benjamín Rush justificó la segregación como una necesidad médica y eso se volvió un argumento para continuar la esclavitud.

El reverendo Samuel S. Smith recorrió todo Estados Unidos con un esclavo negro "enfermo" de lepra (en la antigüedad a los negros se les decía que padecían de lepra). Se llamaba Henry Moss y la enfermedad había dejado su piel casi completamente blanca (había sufrido supuestamente de vitíligo, una enfermedad de la piel que causa manchas blancas en distintas partes del cuerpo. Esta enfermedad ocurre cuando se destruyen los melanocitos, que son las células que producen el color o el pigmento de la piel). Ante la ignorancia de mediados del siglo XVIII, el pastor aseguraba a lo largo de todo el país que este hombre se había curado, por voluntad de Dios, de la terrible enfermedad que implicaba tener la piel negra. A nadie se le ocurrió pensar que justo esas manchas blancas que le habían salido por todo el cuerpo a lo largo de tres años, era un mal que no fue descubierto hasta casi un siglo después.

La creencia del reverendo se generalizó. Varios médicos famosos aseguraban que la piel negra era una enfermedad curable y que la degeneración de la piel en razas "no blancas" se debía al clima, la dieta y el modo de vida. El doctor Benjamin Rush fue uno de los principales creyentes de esta mentira discriminatoria y cruel. Analizó el caso de Moss y lo presentó ante la Sociedad Filosófica Americana diciendo que el esclavo presentaba una "curación espontánea" al color negroide con el que había nacido.

En aquel entonces se llamaba lepra a la piel negra y no a las manchas escasas de pigmento. Ni siquiera se sabía qué era el vitíligo, la enfermedad que posiblemente haya tenido el eslavo. Rush, un médico famoso y respetado en el sur de EE.UU., tenía un afán en transformar los problemas sociales en problemas médicos, así que el racismo se convirtió en un tema de salud y ciencia, con el cual él podría acabar curando a los negros haciéndolos blancos.

La supuesta lepra (raza negra) era un problema congénito, que consistía en un exceso de pigmentación y no era contagiosa por el contacto, pero si por la vía sexual. Con su teoría, Rush hizo que el negro se convirtiera en una empleado aceptable desde el punto de vista médico y al mismo tiempo exigió su segregación sexual para evitar la transmisión de una enfermedad hereditaria muy temida.

El blanqueamiento de la población implicaba el exterminio de las personas de etnia negra. Aunque se decía abolicionista y luchaba contra la esclavitud, Rush recomendaba a los blancos no tener relaciones sexuales con negros para no "contagiar la posteridad". Sus ideas siempre fueron en nombre de la ciencia y él se mostraba muy crítico ante las diferencias raciales, aunque él mismo compró un esclavo llamado William Griver, a pesar de que ya era miembro de la Sociedad de Abolición en Pensilvania.

Se debe a algún eslabón genético el que seas una persona enferma. Así que el amo que desea deshacerse de un esclavo recalcitrante podría decir: "Ah, sufre de esta enfermedad".

La drapetomanía es un desorden mental que fue inventado por Samuel Cartwright, al decir que los negros tienen un desorden mental cuando quieren escapar. Se conocía por drapetomanía a la supuesta enfermedad mental que padecían los esclavos negros del siglo XIX, consistente en unas "ansias de libertad" o expresión de sentimientos en contra de la esclavitud.

Escapar se convirtió en un problema tan común, que lo psiquiatras intentaron llamar enfermedad: "Bien existe una cura para eso". La pregunta: ¿Qué cura eso? Latigazos frecuentes, o si no amputarles los dedos gordos de los pies.

Después que se abolió la esclavitud, el racismo psiquiátrico no solo persistió, sino que se intensificó. La Revista Americana de Psiquiatría, oficialmente, declaró que como los negros eran descendentes de salvajes y caníbales, no estaban listos para una civilización superior. A la par, su pseudociencia, la eugenesia, aumentó sus actividades racistas.

Hay una conexión clara, duradera e íntima, entre el movimiento eugenésico y el Ku Klux Klan (KKK), nombre adoptado por varias organizaciones de extrema derecha en Estados Unidos, creadas en el siglo XIX, inmediatamente después de la Guerra de Secesión, y que promueven principalmente la xenofobia, así como la supremacía de la raza blanca, homofobia, el antisemitismo, racismo y el anticomunismo. Con frecuencia, estas organizaciones han recurrido al terrorismo, la violencia y actos intimidatorios como la quema de cruces, para oprimir a sus víctimas.

Harry Laughlin, director de la oficina de registros eugenésicos del Instituto Carnegie, tenía una estrecha relación con el Ku Klux Klan, por un libro llamado América blanca, escrito por un líder importante del clan. Así, Laughlin escribió una elogiosa crítica del libro en el Eugenics News, y a su vez al Ku Klux Klan, que usa la eugenesia para justificar sus metas racistas.

Pero el racismo psiquiátrico no era exclusivo de EE.UU., algunos de los peores abusos del siglo XX ocurrieron en Sudáfrica, donde el gobierno adoptó las mismas teorías y prácticas racistas utilizadas por Adolf Hitler.

Esto no fue coincidencia, el primer ministro, el Dr. Hendrick Verwoerd, había estudiado la eugenesia, como alumno de psicología en la Universidad de Leipzig en Alemania.

El Dr. Hendrick Verwoerd fue un político y sociólogo sudafricano, primer ministro de Sudáfrica (1958-196), es considerado como el arquitecto del apartheid.

El apartheid fue el sistema de segregación racial en Sudáfrica y Namibia, entonces parte de Sudáfrica, en vigor hasta 1992. Fue llamado así porque significa separación.

Básicamente, este sistema consistía en la creación de lugares separados, tanto habitacionales como de estudio o de recreo, para los diferentes grupos raciales, en el poder exclusivo de la raza blanca para ejercer el voto y en la prohibición de matrimonios o incluso relaciones sexuales entre blancos y negros.

Su propósito era conservar el poder para la minoría blanca, 21 % de la población, que en otras condiciones habría perdido su posición de privilegio. Estuvo en vigor hasta los años 1990, siendo en 1992 la última vez en que solo votaron plenamente los blancos. Antes de la victoria del Partido

Nacional en 1948, los negros podían votar pero con muchas restricciones.

En teoría, este sistema consistía básicamente en la división de los diferentes grupos raciales para promover el "desarrollo". Todo este movimiento estaba dirigido por la raza blanca, que instauró todo tipo de leyes que cubrían, en general, aspectos sociales. Se hacía una clasificación racial de acuerdo a la apariencia, a la aceptación social o a la ascendencia.

Este nuevo sistema produjo revoluciones y resistencias por parte de los ciudadanos no blancos del país.

Sudáfrica se vio como un estado dividido, con blancos, negros y mulatos viviendo en áreas separadas, con los negros sin derechos de ningún tipo.

Con el apartheid implementado, los psiquiatras establecieron hospitales mentales por todo el país, que de hecho no eran más que campos de esclavos.

Estos lugares funcionaban bajo una compañía privada llamada Smith, Mitchell and Company Limited ahorraban dinero con el alojamiento barato para los pacientes psiquiátricos, mientras obtenían un inmensa fortuna con el dinero que el parlamento había asignado para medicinas. Así de corrupto estaba el sistema.

Cuando finalmente se sacó a la luz esta operación, se descubrió que 67.000 presos habían perecido. Al mismo tiempo, los psiquiatras habían cobrado 117 millones de dólares del fondo del Gobierno sudafricano.

La Organización Mundial de la Salud (OMS) publicó un informe declarando que la psiquiatría cultiva el racismo y que el apartheid tenía paralelos en la posición y trata de esclavos.

En 1971 en EE.UU. Los Ángeles, el psiquiatra Louis Jolly West, continuando con el racismo psiquiátrico ideó un experimento secreto de terapia de reversión llamado "centro de violencia". Su plan, financiado por el gobierno, era implantar electrodos en el cerebro de hombres afroamericanos e hispanos para darles choques si mostraban cualquier comportamiento violento, y si eso no funcionaba, castrarlos químicamente con drogas.

Cuando la proposición racista de West enfrentó la indignación del público, el plan se archivó. Aunque las implacables teorías racistas del psiquiatra fueron neutralizadas, no fueron detenidas.

En 1994 el psicólogo Richard J. Herrnstein, coautor de La curva de la campana, afirmó probar que los negros eran genéticamente discapacitados y, por tanto, inferiores a los blancos.

La curva de la campana plantea una idea eugenésica muy antigua, dice que se nace con diferentes capacidades intelectuales, que son innatas al nacer.

A través de recopilación de datos, lograron establecer una alta correlación entre el Cociente Intelectual y el nivel socioeconómico de los estadounidenses, de manera que sujetos con un alto CI, tienden a lograr grados más altos de escolaridad, mejores empleos, y tienen menos riesgo de caer en conductas delictivas. Por lo que argumentan que las personas más inteligentes tienden a ascender más rápidamente en la escala social, independiente de su nivel socioeconómico. Todo esto lleva a que la sociedad, gracias a la democratización de la educación, se estratifique según las habilidades cognitivas de los sujetos, a diferencia de lo que pasaba décadas antes, en las que se accedía a una clase social más alta gracias a los apellidos, la religión o la casta, independientemente de la habilidad cognitiva de los sujetos.

Uno de los puntos más polémicos que tocan los autores son las diferencias de CI observadas en distintos grupos étnicos, sobre todo los de raza negra, que fueron notablemente inferiores, entre 15 y 18 puntos, por lo que fueron ampliamente criticados por fomentar el racismo y la discriminación.

Vuelve a la idea de que los negros son genética y biológicamente inferiores a los blancos, para justificar sus organismos de racismo y sexismo social. Se ve ese tipo de ideas en los exámenes escolares y los test CI, y en el seguimiento educacional.

Y esa herramienta encaja en ese viejo molde. Algo nuevo que probaría la inferioridad intelectual de los afroamericanos.

La profesión psiquiátrica ha hecho un gran daño en el pasado, y demasiado en el presente para socavar la democracia, y perpetuar los estereotipos racionales arraigados en la sociedad.

Tenemos que continuar luchando contra esta información falsa llamada pseudociencia. Hoy la gama del odio continúa ardiendo, alimentada por mentiras pseudocientíficas, este es el legado de la psiquiatría como justificación para el racismo y pretexto para la represión política.

## LA PSIQUIATRÍA SOVIÉTICA

"...Ser fiel a los ideales comunistas, devotamente y con la energía comunista, realizar la última voluntad de Lenin: Estudiar el comunismo, trabajar con afán como comunista, y fortalecer con toda mi vida, la obra de Lenin y el partido en todo el mundo. ¡Juramos, juramos, juramos!

El régimen soviético exigía absoluta lealtad. A quienes no acataban la disciplina del partido se les consideraba disidentes y se les llamaba enemigos del Estado, con un solo susurro a la policía secreta desaparecían en uno de los hospitales psiquiátricos especiales.

A pesar del riesgo, los llamados disidentes pusieron en acción sus ideas de libertad.

Disidente Soviético:

"Actuaba en secreto; nadie sabía lo que yo hacía. Tenía una pequeña impresora e imprimía panfletos. Mientras que otros se consideraban ciudadanos soviéticos leales, yo me consideraba y con toda convicción, uno de los mejores soviéticos. En mi arresto fui señalado como criminal extremadamente peligroso para el Estado. Me eché a reír delante del general del KGB (Comité de Seguridad del Estado Soviético). A la mañana siguiente llamó a un psiquiatra".

Según los psiquiatras soviéticos, todos sufrían de inflexibilidad de convicciones, síntoma de un nuevo trastorno, esquizofrenia inactiva.

Igual que sus homólogos en otros países, los psiquiatras soviéticos prescribían poderosas drogas para curar a sus pacientes de esta nueva enfermedad.

Psiquiatra soviético:

"...Toman la medicación de mala gana, y encuentran formas de evitarla, debemos comprobar y asegurarnos de que el paciente toma la medicación, y que realmente la ingiere. Fingen tragar. Su boca está vacía pero la pueden echar toda un momento más tarde..."

El doctor preguntaba en las rondas: ¿Cómo estás? Pero ¿cómo te puedes sentir después de cinco frascos de Haldol?

La saliva se derrama por el suelo, algunos músculos se estiran y otros se tensan y contraen. El cuerpo se retuerce y el alma sufre terriblemente. No se puede describir lo horrible que es, tan solo se podría comparar con el infierno mismo.

Los enfermeros golpeaban a los pacientes sin riesgo de ser castigados. Por cualquier razón o sin ninguna razón. Por ejemplo, el enfermero abre la puerta y está en su camino, esa era una razón suficiente para ser golpeado. Y si el paciente trata de protestar por la paliza, lo atan y lo golpean aun más.

De 1967 a 1987, el Gobierno soviético arrestó a más de 2 millones de personas a las que por razones políticas se les diagnosticó mentalmente enfermas, y se les obligó a recibir tratamiento psiquiátrico.

El abuso político de la psiquiatría es el mal uso del diagnóstico psiquiátrico, la detención y el tratamiento a los efectos de la obstrucción de los derechos humanos fundamentales de ciertos grupos e individuos en una sociedad. Implica la certificación y compromiso de los ciudadanos a las instituciones psiquiátricas basadas en políticas más que criterios basados en la salud mental. Muchos autores, entre ellos psiquiatras, también utilizan los términos "la psiquiatría política soviética" o "la psiquiatría punitiva" para referirse a este fenómeno.

La psiquiatría posee una capacidad de abuso que es mayor que en otras áreas de la medicina. El diagnóstico de la enfermedad mental puede dar la licencia del Estado para detener a las personas en contra de su voluntad y de insistir en la terapia, tanto en interés del detenido y de los intereses más amplios de la sociedad. Además, recibir un diagnóstico psiquiátrico puede en sí mismo ser considerado como opresivo. En un estado monolítico, la psiquiatría puede utilizarse para eludir los procedimientos legales estándar para demostrar la culpabilidad o la inocencia y permitir el encarcelamiento político sin el odio común que presentan estos juicios políticos.

El encarcelamiento de pensamiento personas sanas libres en manicomios es un asesinato espiritual, es una variación de la cámara de gas, aún más cruel, la tortura de las personas que están siendo asesinadas es más dañina y más prolongada, al igual que las cámaras de gas.

Los diagnósticos psiquiátricos, tales como el diagnóstico de "esquizofrenia inactiva" en los disidentes políticos en la URSS fueron utilizados con fines políticos. Fue el diagnóstico de "esquizofrenia inactiva", que fue utilizado en los casos de disidentes. Los críticos conducen a entender que se había diseñado el modelo soviético de la esquizofrenia y el diagnóstico para que la disidencia política fuera convertida una enfermedad mental. El abuso político de la psiquiatría en la URSS surgió de la idea de que las personas que se oponían al régimen soviético eran enfermos mentales, ya que no había ninguna otra justificación lógica por la cual uno se opondría al sistema socio-político considerado el mejor del mundo. El diagnóstico de "esquizofrenia inactiva", un concepto de larga data, desarrollado por la Escuela de Psiquiatría de Moscú, proporcionó un marco muy útil para explicar este comportamiento. El peso de la opinión científica sostiene que los psiquiatras que jugaron el papel principal en el desarrollo de este concepto de diagnóstico seguían directivas del Partido Comunista y el servicio secreto soviético, o KGB, y eran muy conscientes de los usos políticos a los que sería puesto. Sin embargo, para muchos psiquiatras soviéticos era "esquizofrenia inactiva" que haber una explicación lógica para aplicar a la conducta de los críticos del régimen que, en su oposición, parecía dispuesto a poner en peligro su felicidad y la familia.

Aun hoy, la psiquiatría sigue siendo la herramienta de coacción que eligen los gobiernos de todo el mundo.

Hemos sabido que en la bahía de Guantánamo, teníamos equipos de sanitarios llamados Biscuit Teams – conductistas, psicólogos – que trabajaban con militares aconsejando cuando presionar a un prisionero. Se han documentado abusos por todo el mundo. Tenemos profesionales sanitarios que han cometido en potencia actos de traición dentro de su ética médica y nadie los supervisa. Nadie hace que respondan por su ética médica.

La evidencia de la mala utilización de la psiquiatría con fines políticos en la Unión Soviética fue documentada en una serie de artículos y libros. Varias asociaciones psiquiátricas nacionales examinan y actúan en esta documentación.

Las fuentes conocidas como memorias publicadas y escritas de las víctimas de la arbitrariedad psiquiátrica transmiten sufrimientos morales y físicos experimentados por las víctimas en los hospitales psiquiátricos especiales de la URSS.

Pero los psiquiatras nunca han reservado la tortura física o mental exclusivamente para los presos políticos. A lo largo de la historia le han dado una nueva imagen y han hecho que el público la acepte como terapia.

## DAÑO CEREBRAL: CURA MILAGROSA DE LA PSIQUIATRÍA

A partir de la década de 1920, los psiquiatras adoptaron una nueva serie de procedimientos que, según ellos, funcionaban al ocasionar daño intencional al cerebro.

Manfred Sakel creía que podías matar las células cerebrales malas. De alguna forma hay células malas y buenas, eso es lo que creía. Si le das suficiente insulina matarás las células malas, para ello se inyectaba una fuerte dosis de insulina al enfermo mental. Si la persona sobrevivía a esta epilepsia inducida, mejoraría a causa de ello.

A pesar de que las convulsiones causaban grave daño a la médula espinal al 40% de los pacientes, Sakel señaló el estado obtenido y declaró que su tratamiento era un éxito. Se construyeron salas de insulina en los hospitales, y la terapia del coma; se volvió un gran negocio.

Para no ser superado, el Dr. Ladislaus Von Meduna de Hungría creía que él podría erradicar la enfermedad mental provocando compulsiones para dañar el cerebro con una droga llamada metrazol.

Notó que sus epilépticos no tenían problemas mentales, y sus pacientes psiquiátricos parecían no tener epilepsia. Y pensó que al hacer lo uno se evitaría lo otro.

La teoría era que la epilepsia y la esquizofrenia no podrían coexistir. Y que si se causaba un ataque de epilepsia, esta expulsaría la esquizofrenia. Esto no tiene base científica de ningún tipo.

El metrazol era rápido y lucrativo, en una mañana un solo psiquiatra podría poner químicamente a 50 pacientes en un estado dócil y manejable. Von Meduna experimentó con varias drogas antes de decidirse por el metrazol, aunque el tratamiento fue considerado demasiado peligroso.

Para 1939 el metrazol era tan popular entre los psiquiatras y su personal, que se usaba en el 70 % de los hospitales de Estados Unidos y en casi todos los demás países del mundo. El éxito financiero de la insulina y el metrazol motivó el desarrollo de un método aun más lucrativo para provocar las convulsiones que dañaran el cerebro.

¿Cómo se realiza el electrochoque?

Usamos unos electrodos, los colocamos en la cabeza del paciente, y con una máquina colocamos electricidad controlada a través del cerebro.

La historia detrás de esta cura milagrosa comenzó en un matadero romano. En Italia, en 1938, dos psiquiatras italianos decidieron que, antes de la matanza de los cerdos, para volverlos más dóciles, aplicarían a sus sienes electrodos, que estaban conectados a un panel de corriente. Y esto aturdía a los cerdos, pero no los mataba, y ellos luego podrían matarlos. Eso los animó a intentar causar convulsiones con electricidad.

Las convulsiones repetidas pueden producir síntomas orgánicos. Han sido descritos como "reacciones psicótico-orgánicas" ocurridas durante la TEC (Terapia electroconvulsiva). El síntoma más constante es el deterioro de la memoria, seguido de síntomas en la esfera emocional. El electroencefalograma también se altera; las ondas lentas normales desaparecen entre una y cinco semanas en pacientes que reciben seis o menos convulsiones, y entre dos y seis meses o incluso más, en los casos de tratamientos prolongados.

Entre las complicaciones más frecuentes se hallaban, antiguamente, las fracturas producidas por la contracción muscular brusca.

Testimonios de psiquiatras

"Podíamos ver caerse los dientes, romperse el espinazo, dislocarse y romperse los huesos y gente con daño incluso en órganos internos al ser atados, mientras tenían estas sacudidas incontrolables producto del electroshock".

Después de vender exitosamente el daño cerebral como una cura, los psiquiatras buscaron maneras más precisas para atacar. Esto se inicio en 1848 cuando una explosión lanzó una barra de acero directamente hacia la cabeza de un ferrocarrilero de Vermont. Aunque este sobrevivió, su personalidad se alteró drásticamente. Setenta años después, el neurólogo portugués Dr. Egas Moniz intentaría tener un resultado similar, taladrando el cráneo de un paciente y metiendo chorros de alcohol puro en el cerebro, matando así el tejido de los lóbulos frontales. Moniz llamó a este procedimiento "lobotomía". El Dr. Walter J. Freeman llegaría a ser el practicante de lobotomías más infame, descubrió que podría hacerlas rápidamente sin tener que taladrar el cráneo. No usaba anestesia, simplemente le levantaba el parpado y clavaba, nada menos que un picahielos en el cerebro bajo el hueso orbital. Y luego lo restregada hacia adelante y hacia atrás, hasta estar satisfecho del destrozo causado en el tejido cerebral. Y luego lo sacaba.

Freeman viajó por el país en su "lobotomóvil", mutilando el cerebro de sus pacientes, a veces en el mismo vehículo.

Y ofrecía lobotomías obteniendo referencias de los doctores locales, a veces ni siquiera iban al doctor, iban directamente al "lobotomóvil". Y podía hacer el procedimiento de daño cerebral ahí mismo o donde estuviesen.

Cuando sus privilegios quirúrgicos le fueron revocados después de haberle causado la muerte al último paciente en la mesa de operaciones, Freeman ya había realizado 3500 lobotomías, de las cuales el mismo admitió que a más del 25 % de sus víctimas las había dejado en un estado vegetativo.

Lobotomizaron a un millón de personas en la década de los cuarenta y los cincuenta e inicios de los sesenta, hasta que llegaron a la conclusión de que era un tratamiento destructivo.

Pero aunque las cura milagrosa pronto fue denunciada por dañar el cerebro. Los psiquiatras se mantenían un paso adelante inventando nuevas formas de psicocirugías, presentándolas como avances médicos.

Testimonio de Margaret – Paciente

"Temblaba de la cabeza a los pies, y eso es lo que oía en mi cabeza, cuando taladraba algo en mi cerebro. Ese fue un daño físico grave hecho a mi cerebro. Nadie tiene el derecho a jugar a ser Dios con el cerebro de alguien".

Testimonio de Derek – Paciente

"Toda la operación duró ocho horas y media y me mantuvieron despierto cada segundo de esta. Y todavía recuerdo ese día porque tengo esta operación cada día de mi vida Los psiquiatras aun alababan los beneficios de la lobotomía, un tratamiento que les daba un ingreso de 31 millones de dólares anuales. Debido a la mala reputación de la lobotomía, los psiquiatras se preocuparon en poner de nuevo en primer plano al electroshock, lo rebautizaron como "Terapia electroconvulsiva". Hoy le dan anestésico al paciente para apagar sus gritos y agentes paralizantes para evitar verles retorcerse en su agonía".

Lo más erróneo que creen sobre ECT (Electroconvulsive therapy) es que es nueva y mejorada. Lo nuevo y mejorado se refiere a estas mejoras cosméticas, porque de hecho lo hacen más fácil para los que observan. La persona que tiene sacudidas en la mesa, ahora está paralizada. No es nuevo, no es una mejora es peor aún.

La máquina de ECT puede producir de 50 a 400 voltios. Es la energía de uso en maquinaria industrial, podría ser una  máquina para el acero o una impresora. Es una cantidad extraordinaria de energía y causa un gran daño corporal.

Y aunque se publican muchas historias de prisioneros que fueron físicamente maltratados con electroshock, la cantidad de electricidad aplicada por los psiquiatras para la terapia electroconvulsiva es 33 veces mayor. Ese daño se dirige más frecuentemente contra los más vulnerables, dos terceras partes de quienes han recibido electroshock son mujeres a quienes se les diagnosticó el síndrome premenstrual en el trastorno menopáusico o la depresión postparto. La mitad de los pacientes tratados con electroshosk son ancianos, una vez que se les acepta en asistencia social medica, estos ancianos reciben un 60% de terapia, y ¿adónde llega todo esto? A 40 mil muertos y a otros que son incontables con tal daño cerebral que no tiene esperanza de recuperar una vida normal.

Por doce dólares de electricidad, solo los psiquiatras de EE.UU. generan un ingreso de 5000 millones de dólares.

Pero la siguiente cura milagrosa que los psiquiatras agregaron a su arsenal les dio más dinero que nunca, ya que es más rápida, más barata y puede convertir a cada hombre, mujer y niño en un paciente de por vida.

A principios de la década de los cincuenta, los psiquiatras descubrieron su siguiente cura milagrosa: Una sustancia química originalmente creada para matar parásitos en los cerdos; su descubrimiento entorpecía la función cerebral de un modo similar al de meter un pulsómetro cerca del ojo, era un viejo tratamiento con un nuevo disfraz. Esa sustancia se llamaba Thorazine.

## DROGANDO POR LUCRO

Con el advenimiento de estas nuevas drogas tranquilizadoras, no es exagerado decir que estamos al filo de una nueva era para un tratamiento de enfermedades mentales.

Nombrándola lobotomía química, el psiquiatra canadiense Dr. Heinz Lehmann prescribió el Thorazine como una píldora fácil de tomar con el mismo efecto que la psicocirugía, pero sin ensuciar nada.

La Thorazine fue la entrada al uso generalizado de fármacos. Era la píldora mágica. Si fuera psiquiatra y pasara una hora hablando en psicoterapia, tendría un límite que cobrar. Pero si pudiera darte una píldora y terminar en 15 o 10 minutos, sería mucho más eficiente económicamente el uso de mi tiempo, manifestaban los psiquiatras de la época.

Lo que los psiquiatras no le contaron al público era que el Thorazine causaba una condición neurológica atroz conocida como "disquinesia tardía".

Es un síndrome neurológico con crispamientos musculares y contracciones incontrolables. Los movimientos anormales incluyen masticación repetitiva, movimiento oscilatorio de la mandíbula o gesticulación facial, ya sea por un largo tiempo o en ocasiones permanentes. Así que están muy bien identificados los daños producidos por esta medicación.

Aun retirándole la droga, esta pude permanecer; significa que se causa una incapacidad cerebral permanente. A finales de la década de los cincuenta, la gente se comenzó a preocupar pero no fue hasta finales de la década de los setenta que comenzaron a advertir sobre los daños de tomar Thorazine, es decir, 20 años después.

El fabricante del Thorazine tenía buenas razones para ocultar la mala noticia, tan solo el primer año su inversión tuvo un rendimiento del 3000%, logrando una venta de 6.600 millones de dólares.

Con el público y la prensa sin conocer los severos e incapacitantes efectos secundarios médicos, psiquiatras prominentes se reunieron en San Juan de Puerto Rico en 1967 para sentar las bases para difundir las drogas psiquiátricas en el futuro.

El psiquiatra Nathan Kline escribió lo siguiente en el informe final de la conferencia: "El uso de drogas hoy puede ser casi trivial, si lo comparamos con la cantidad de sustancias químicas disponibles para controlar aspectos de la vida del hombre en el año 2000".

El Dr. Kline encabezó un movimiento que inundó con nuevas drogas psiquiátricas maravillosas el mercado mundial, apoyado por una masiva máquina publicitaria, que gastó cientos de millones de dólares en la publicidad.

La psiquiatría era ahora una industria de narcotraficantes. Para 1970 la asociación psiquiátrica americana dependía tanto del dinero de las compañías farmacéuticas, que el 30% de su presupuesto anual venía de anuncios de estas en sus revistas oficiales.

Y tenemos dinero fluyendo a la industria. Tenemos dinero fluente a los doctores y sus revistas. Sabemos que eso influirá en su modo de pensar.

Científicos del Instituto Nacional de Salud Mental y del Instituto Nacional de Salud, obtienen más dinero extra de las compañías farmacéuticas, que de su salario base.

Con tanto dinero por ganar, todo lo que los psiquiatras necesitan era una teoría científica para justificar. ¿La solución? ¿Cómo tendrían una base científica?

La respuesta: Un informe oficial que declaraba que todos los problemas mentales son derivados del llamado desequilibrio químico del cerebro y requerirían drogas para corregirse.

El desequilibrio químico es una de las mayores falacias que se les haya impuesto alguna vez a los pacientes y al público. No hay test que muestre desequilibrios relacionado con males psiquiátricos, ya sea depresión, ansiedad o similares.

El desequilibrio químico existe para beneficiar a la psiquiatría. Debe existir para que ellos puedan tratarlo con una supuesta base científica.

Pero las fraudulentas teorías del desequilibrio químico no podían ocultar las crecientes pruebas de efectos secundarios comunes y aterradores como la acatisia.

La acatisia es como una extrema agitación nerviosa. La gente la describe como el ansia de salirse de la piel. Y esto sucede con gran frecuencia. Y se sabe absoluta y completamente que está asociada al suicidio, la violencia y el homicidio, tras años de informes de sus efectos secundarios e incontables casos de violencia, automutilación y muerte.

En 1991 especialistas en salud, legisladores y el público, finalmente, obligaron a la FDA (Food and Drug Administration) a ordenar una investigación.

Testimonio de Leanne Westover

"Sé con certeza que si Charles hubiera sabido los efectos secundarios del Prozac, nunca lo hubiera tomado".

Testimonio de Tucker Moneymaker

"Yo tenía dos hijos, David Lee de 8 años y Billy de 16. Con mi esposa teníamos 20 años casados. Todos se fueron, les diré por qué, después de tomar Prozac por 21 días, mi esposa disparó y mató a los chicos. Después se apuntó y se disparó dos veces".

Testimonio de Debra Douglas

"Agarré la pistola de 9 mm, me senté en la cama y me apunté en la cabeza. Me hice un agujero de 10 cm en el brazo y no en la cabeza. Gracias a Dios fue un mal tiro. Investigándose el Prozac, se habría hecho algo para evitarlo.

Lo que se suponía que fuera una sesión imparcial, era un panel de psiquiatras que en su gran mayoría tenían tratos financieros con las compañías farmacéuticas.

No encontraron en ninguna Escuela de medicina, un experto, doctor o psiquiatra, que no tuviera algún acuerdo de asesoría o no haya recibido dinero de compañías farmacéuticas".

Testimonio de Bonnie Lietch – Prozac Survivors

"500 muertes, 33 casos de asesinato y más de 20.000 efectos secundarios adversos. ¿Me podría decir por qué siguen en el mercado?"

¿Hay una alianza nefasta entre la comunidad psiquiátrica, la industria farmacéutica y la FDA? La respuesta es sí.

Esta alianza deshonesta se hizo muy evidente en 1997, cuando las compañías farmacéuticas persuadieron a la FDA a que se les permitiera anunciar directamente al público.

Con los psiquiatras proporcionando aprobación médica, en solo tres años, la venta de drogas psiquiátricas se disparó casi dos veces y media cuando el número de víctimas de la violencia y el suicidio subieron hasta las nubes; la indignación del público obligó a la FDA a publicar etiquetas con advertencias sobre los antidepresivos, pero para entonces, ya habían pasado 13 años.

Se habían hecho miles de millones de dólares y los psiquiatras comercializaron sus nuevas drogas milagrosas.

Más del 8 % de la población mundial ha tomado drogas psiquiátricas basadas en ciencia falsa, y respaldada por gente comprada que regulan las drogas, sus dañinos medicamentos logran utilidades brutas de casi 27 mil millones de dólares al año.

Y mientras los psiquiatras encontraban una forma de diagnosticar y drogar a cada habitante del planeta, en otro frente continuaban su asalto contra nuestras libertades más personales, nuestra autonomía y libertad.

Los psiquiatras exigen el derecho absoluto a determinar qué es lo mejor para el llamado enfermo mental, después de todo el enfermo mental está loco y no es capaz de evaluar sus propio tratamiento.

## COACCIÓN E INMOVILIZACIÓN PSIQUIÁTRICA

Para hacer cumplir su autoridad sobre los demás y mantener sus hospitales llenos a niveles redituables, los psiquiatras usan métodos llamados internación involuntaria.

Si se va a un verdadero doctor, el doctor de familia o el cardiólogo, uno tiene el derecho de rehusar el tratamiento. No existe el tratamiento involuntario en la medicina clínica, la de los verdaderos doctores. Los psiquiatras creen que pueden tratar a la gente contra su voluntad.

La psiquiatría se encuentra a la cabeza en la práctica del cuidado en salud mental en pabellones psiquiátricos u otros establecimientos médicos, usando coerción legalmente sancionada para admitir a individuos en contra de su voluntad. Esta práctica va en contra de uno de los principios rectores de las sociedades abiertas o libres.

La sociedad no debe usar la coerción para someter a un individuo mientras él o ella no dañe a otros. La hospitalización psiquiátrica involuntaria, viola este principio.

En 1956 el psiquiatra Dr. Winfred Overholser presentó un plan en el que tenía la intención de llevar la internación involuntaria a un nuevo nivel.

El plan era comprar 400 mil hectáreas de páramos en Alaska, construir un inmenso hospital mental y cambiar las leyes de internación para que se pudiera enviar a cualquiera con la simple indicación de un psiquiatra. El proyecto de ley pasó rápidamente por la Cámara de Representantes, pero cuando el público se enteró del plan, se enfureció refiriendo a él como la Siberia de EE.UU.

El Alaska Mental Health Enabling Act de 1956 es la Ley del Congreso de los Estados Unidos número 84-830, creada para la mejora de la salud mental en el estado de Alaska en los Estados Unidos. Fue blanco de una gran controversia política luego de que sus detractores la denominaran la "Ley Siberia" y la denunciaran como parte de un complot comunista para hospitalizar y adoctrinar a los americanos. También difundían la idea de que formaba parte de una conspiración judía, católica o psiquiatra para crear campos de concentración en los Estados Unidos dirigidos por las Naciones Unidas.

El Senado canceló el proyecto de ley, pero aunque el fin del proyecto de Ley Siberia detuvo sus planes a gran escala, la internación involuntaria seguía siendo el método más eficaz y lucrativo para llenar los hospitales psiquiátricos.

De nuevo la persona no ha cometido ningún crimen, no tiene un juicio, y es enviada a un hospital mental, que es en realidad una prisión.

¿Cuántos van al manicomio y dicen "¡Enciérreme!"? Los doctores no encierran a nadie, los psiquiatras sí. Incluso los niños pueden ser separados de sus padres dejándoles poco recurso legal.

Testimonio de Penny – Kids Forcibly Taken Away

"Ellos invadieron nuestra casa, vinieron con policías, los chicos estaban asustados. Vienen con un papel y dicen: danos a tus niños. Me pregunté ¿Cómo pueden simplemente venir y hacerlo?"

Testimonio de Cecil – Son Focibly Taken Away

"Dijo: pueden arrestarte por negligencia médica. Y dije pero ¿cómo es posible si es mi hijo? Y veo que no necesita tanta medicación porque me amenaza así".

Testimonio de Ángela – Kids Forcibly Taken Away

"A las 10 de la noche dos policías y dos asistentes sociales vinieron a mi casa y se llevaron a mis 4 hijos.

Una vez internados en un hospital psiquiátrico al paciente se le droga y se controla".

Dr. Jeffrey Schaler – Professor, Dept. Of. Justice and Law, American University

Cuando más se opone más se toma esta objeción como un síntoma de enfermedad mental. Momento en el que la persona sería encerrada. Estaría sujeta por tobillos, rodillas, cintura, cabeza, muñecas y hombros. Y si cuando sucedía había la más mínima resistencia, recibiría medicación hasta estar casi fuera de combate.

El personal psiquiátrico provoca a sus pacientes hasta la violencia para poder cobrar a las compañías de seguro hasta 1600 dólares diarios por cada paciente inmovilizado.

Un paciente se resiste a la diagnosis y el tratamiento, y quiere dejar el tratamiento cuando está en el hospital, e invariablemente cada vez, esa situación será agravada hasta que lo atan y medican. En ese momento se buscan razones para el tratamiento.

La carga de tales sumas reclamadas se le cobra directamente al público en las crecientes primas de seguro de salud. En cuanto a sus víctimas, la experiencia es traumática e incluso mortal.

Rochelle Claiborne de 16 años murió en Laurel Ridge. El informe dice que en la inmovilización, Rochelle dijo varias veces que no podía respirar, pero nadie le hizo caso.

Aprovechando que las leyes sobre la restricción son débiles o vagas, a los psiquiatras y su personal casi nunca se les acusa criminalmente por agresión con lesiones y asesinato.

Madre de una víctima

"Me suplicó que lo sacara de allí, que lo trataban mal y que no quería permanecer allí. Recibí una llamada, me decían que había habido un accidente, que lo tuvieron sujeto hasta que ya no respiraba. Tenía que haberlo escuchado, llevármelo antes que esto ocurriera. Y lo echo de menos, desde entonces quiero que vuelva pero ya no se puede. Hasta hoy a nadie se le ha acusado por el asesinato del niño".

Los ancianos son un objetivo importante del abuso psiquiátrico. El tratamiento de ancianos en hospitales cuesta al Gobierno de los EEUU y las compañías de seguros más de 29 mil millones de dólares al año. Una reclusión injustificada que no habría ocurrido de no tener seguro. La evidencia demuestra que estos pacientes psiquiátricos salen cuando el seguro se les acaba.

La reclusión involuntaria es una forma de esclavitud psiquiátrica, se trata a las personas como una propiedad y son privadas de su libertad. Y la gente hace dinero en el proceso, gana millones por robarles la libertad a los supuestos enfermos mentales.

Mientras tengamos hospitalización mental involuntaria, la psiquiatría será una prisión, un crimen contra la humanidad. No es medicina.

Cada minuto del día, alguien es encerrado involuntariamente en un hospital psiquiátrico, y si crees que es algo que no puede ocurrirte a ti o alguien que conoces, piénsalo mejor.

Cada 75 segundos, alguien es internado en contra de su voluntad en una institución mental solo en los Estados Unidos, donde pueden ser atados. Se les suministra electrochoques y son drogados en contra de su voluntad. Estas víctimas no han cometido ningún delito, sin embargo, se les niega el encauzamiento debido y se les encarcela, a menudo, por años. Más de 100.000 pacientes mueren cada año en instituciones psiquiátricas alrededor del mundo.

De acuerdo a un estudio en el 2004 hecho por la Federación Internacional de Helsinki para los Derechos Humanos, "se está internando ilegalmente a personas en hospitales psiquiátricos, por diversos motivos. La psiquiatría punitiva no solo existió durante el período de la Unión Soviética, y no solo existe en la actualidad, desafortunadamente no hay motivos para tener la esperanza de que desaparecerá en un futuro cercano".

Para desviar la atención de las autoridades gubernamentales y del público de las condiciones brutales de las instituciones, los psiquiatras concibieron la "Salud Mental Comunitaria", donde los fármacos psiquiátricos pudieran ser repartidos fuera de hospitales para mantener a más de 10 veces el número de personas siendo medicadas tiempo completo.

Y con más de un millón de dólares dedicados a los hospitales de EE.UU. desde 1965 los psiquiatras han conseguido un negocio muy lucrativo, oculto tras una interpretación dudosa de la ley, pero muy a menudo los psiquiatras cometen crímenes demasiado flagrantes para ignorarlos.

El FBI hizo una redada en la sede de una gran red de hospitales psiquiátricos de EEUU.

Cientos de quejas por facturas excesivas, diagnosis erróneas y fraude de seguro, los investigadores encontraron más de 5000 casos similares en los 50 Estados.

Los psiquiatras se hacen ricos, los psiquiatras dieron droga a cambio de sexo, cometieron fraudes y abusos sexuales. Se ha descubierto uno de los más elaborados, agresivos, creativos, engañosos, inmorales e ilegales planes, que se usan para llenar camas vacías con el seguro y los pacientes pagando.

## CRIMINALIDAD PSIQUIÁTRICA

Cada psiquiatra hace un juramento de seguir un código de conducta ética, de poner el cuidado de su paciente por encima de todo. Pero de todas las disciplinas médicas, la psiquiatría tiene el peor récord de fraude y de abuso. La psiquiatría casi es un permiso para imprimir dinero. Si un doctor fuera listo, y muchos lo son, no hay motivo para no hacer lo menos medio millón de dólares al año. Fraudulentamente, claro está, y salir bien librado.

Los psiquiatras adquieren como médicos el Juramento Hipocrático por el bien de sus pacientes, con este se comprometen a nunca hacerles daño. La psiquiatría está orientada a proporcionar el mejor tratamiento posible a los trastornos mentales, a la rehabilitación de individuos que sufren de enfermedad mental y a la promoción de la salud mental. Los psiquiatras atienden a sus pacientes proporcionándoles el mejor tratamiento posible en concordancia con los conocimientos científicos aceptados y de acuerdo con unos principios éticos. Los psiquiatras deben seleccionar intervenciones terapéuticas mínimamente restrictivas para la libertad del paciente, buscando asesoramiento en el área de su trabajo en las que no tuvieron experiencia necesaria.

El paciente debe ser aceptado en el proceso terapéutico como un igual por derecho propio. La relación terapeuta-paciente debe basarse en la confianza y en el respeto mutuo, que es lo que permite al paciente la información relevante y significativa para que pueda tomar decisiones racionales de acuerdo con sus normas, valores o preferencias propias.

Cuando el paciente esté incapacitado o no pueda ejercer un juicio adecuado a causa de un trastorno mental, el psiquiatra deberá consultar con su familiar y, si fuera necesario, buscar consejo jurídico, con el objeto de salvaguardar la dignidad humana y los derechos legales del paciente. No se debe llevar a cabo ningún tratamiento en contra de la voluntad del paciente, salvo que el no hacerlo ponga en peligro la vida del paciente o de aquellos que lo rodeen. El tratamiento debe guiarse siempre por el mejor interés del paciente.

¿Pero crees que esto se ha cumplido?

Frecuente ha sucedido en la psiquiatría prácticas engañosas y criminales, que los investigadores de seguros tienen una frase de jerga para ello: "El apretón de manos de cien dólares".

El apretón de manos de cien dólares es cuando internan a un paciente. Los psiquiatras, los psicólogos, lo visitan, le estrechan la mano, dicen hola soy el doctor fulano estoy aquí para atenderle y luego se va. Podrían tener 10 o 20 pacientes, facturar 1 hora a cada uno, y podrían estar en el hospital por cada 30 minutos. 20 pacientes, 20 horas y envían la factura al programa de Salud Médica.

Cada año la industria psiquiátrica de EE.UU. defrauda al Gobierno y a las aseguradoras privadas por 40 mil millones de dólares usando cualquier medio posible para engañar al público.

Existen anuncios muy atrayentes. Para los que querían adelgazar y tenían problemas, se les pagaban los gastos para ir a un balneario particular. Al ir a este balneario se inscribían y no era un balneario. Era un centro psiquiátrico; luego no podían salir. Lo que recibían es una dosis masiva de drogas que alteran la mente, y eran mantenidos por un periodo largo. Y su aseguradora recibía facturas por tremendas cantidades de dinero, por algo que era innecesario.

El psiquiatra le dirá al público por un lado que el suicidio se puede evitar, pero cuando vaya al Tribunal le dirá al Jurado que no puede evitarse. Y al mostrar sus previas declaraciones inconsistentes se muestra también lo bien que le pagan los farmacéuticos. Luego el Jurado dice: ¿Sabes qué? No confiamos en ti, porque nos acabas de mentir.

Añadamos a su codicia, deshonestidad, avaricia y sus crímenes sexuales. Constituyendo tan solo el 6 % de los médicos de EE.UU., los psiquiatras son responsables de la tercera parte de los delitos sexuales cometidos por médicos.

Esto ha sido tan frecuente que a mediados de la década de los ochenta, las compañías que aseguran doctores en todo Estados Unidos, comenzaron a excluir las reclamaciones sexuales de las pólizas, de lo común que era. El sistema estaba tan arruinado, que más de 25.000 quejas se han registrado pero no se ha hecho nada al respecto.

Cuando un psiquiatra tiene un paciente, un paciente femenino, y abusa sexualmente de ella. Es muy probable que salga impune.

Existen casos donde el profesional de salud mental se pone muy trastornado y usa tratamientos muy extraños y raros. Y continúa por muchos años sin que nadie lo descubra, porque no es muy público, es muy privado. Las cosas suceden a puerta cerrada. La consulta es privada.

Trágicamente sus crímenes sexuales a menudo implican niños, un buen ejemplo es el del Dr. C. Markham en apariencia un miembro muy respetado de su comunidad, pero todo eso se hizo añicos cuando lo arrestaron por haber violado sexualmente a los niños.

Sacaron de su casa camionetas llenas de pornografía infantil, y la investigación posterior descubrió que había violado sexualmente a sus pacientes, niños entre 7 y 17 años a quienes fotografió y violó sexualmente. El Estado lo describió como los 50 años de una aventura sexual desenfrenada y clandestina con niños.

Este no es un incidente aislado, es el carácter cuidadosamente enmascarado de los miembros de esta profesión. En las ciudades, los Estados y los países podrán encontrarse psiquiatras que cometen violaciones, abusos sexuales, asesinato y fraude.

## INVENTANDO ENFERMEDADES MENTALES

No existe el trastorno mental. Un trastorno mental es lo que cualquiera diga, y si el que dice: "Es un trastorno mental", tiene poder e influencia, la gente lo cree solo porque él lo dijo.

Pero no se puede tener poder o influencia sin credibilidad, así que la psiquiatría fábrica la suya. Se basa en una mezcla de lista de trastornos, publicados en un libro llamado DSM.

DSM significa Manual diagnóstico y estadístico de los trastornos mentales. Pero no hay estadísticas en ese libro, sino que ese nombre hace que suene más científico y, por lo tanto, más creíble.

Se reúnen, votan y crean este grupo de enfermedades. ¿Es algo una enfermedad cuando todos digan sí? Y los especialistas en salud levantan la mano y dicen, sí, votando a favor.

El DSM se comercializa como un documento con base científica. La Asociación Americana de Psiquiatría que publica al DSM, trabaja mucho en crear un aura de precisión científica en torno al DSM, pero en realidad no tiene base científica.

Desde la primera edición del DSM, el número de trastornos mentales que se incluyó por votación en el Manual de Diagnóstico de la Psiquiatría ha llegado a 374. Y con cada nuevo trastorno, los psiquiatras crean otra forma de defraudar y un medicamento para tratarlo.

Si tienen 27 maneras de facturar, en el DSM son 27 maneras. Si tienen 300 son 300, pero puedes encontrar cualquiera en la calle que encajaría en el DSM de algún modo. Si crees que eres normal, solo bastaría con que revises la DSM V, última versión para que te des cuenta que no lo eres.

Al facturar a la aseguradora no dices la palabra, o la enfermedad, sino el número de la enfermedad según la clasificación. Y tienen números para las cosas más ridículas, como discutir con tu madre u orinarse en la cama.

Trastorno de Rebelión del Adolescente es un diagnóstico psiquiátrico oficial; Trastorno de Aprendizaje de Aritmética, es un diagnóstico psiquiátrico oficial; Trastorno de Ansiedad General es un diagnóstico reciente, según la DSM.

Para cada uno hay un código de 5 dígitos con una coma decimal. La implicación de esto es que si tengo la enfermedad 403.16, es diferente de un modo científicamente probado de alguien que tiene 403.17; y no es verdad en absoluto.

Aunque parezca increíble, mientras presentan el DSM al mundo como un hecho científico, los psiquiatras admiten libremente su absoluta carencia de base científica.

Psychiatrist – Norway

"No tenemos ningún indicador de diagnóstico fiable para casi ninguna enfermedad del DSM"

Psychiatrist – Washington, D. C.

"Es difícil decir qué analizamos en psiquiatría, pues no es nada específico…".

Psychiatrist – Nuevo México

"Pero en cuanto a un test que sea útil clínicamente, no lo tenemos aún".

Psychiatrist – Massachusetts

"No tenemos ningún test de laboratorio que podamos usar para determinar si es o no un enfermo mental, no existe test biológico adecuado para detectar la enfermedad mental".

Psychiatrist – New York

"No hay test, no hay biopsia que se pueda hacer".

Psychiatrist - Germany

"No hay un test químico ahora mismo".

Psychiatrist - New York

"No hay test específico para confirmar la diagnosis o mostrar la mejora, como un test sanguíneo, rayos X o algo parecido".

Psychiatrist - Netherlands

"En mi consulta no hago test, solo hablo con la gente y les escucho. Y luego tomo una decisión de qué tipo de enfermedad tiene".

Estos diagnósticos varían tanto como los psiquiatras que los dictaminan, en unos testimonios recogidos se evidencia que visitó a varios psiquiatras quejándose de los mismos síntomas.

…Soy extremadamente desorganizado y no solía ser así. Esto me causa problemas en mi familia, para conseguir trabajo por mi cuenta…

- Usted tiene ADD, ADHD. Y está deprimido y su depresión es bipolar. Eres más ADD que ADHD. Normalmente Focalin es muy buena.

- Es un trastorno químico cerebral o genético. Si usted es bipolar necesitaré darle un estabilizador del ánimo. Le daré Lexapro por la mañana y Trazodone por la noche.

- Tiene un montón de síntomas de depresión.

- Parece un cuadro mezclado; es decir, tenemos algunos síntomas de depresión.

- Se considera como un grado bipolar bajo. En cuanto a medicación para la depresión le recomiendo que comience con Prozac, Zoloft, Paxil, Celexa, Lamental; es la mejor medicación para su depresión.

- El tratamiento para cualquier ciclo bipolar es el mismo: litio.

- Remeron es otro.

- Trazondone, tegredol

- Wellbutrin

- Lamictal

- Equitrol

- Depakote

Psychiatrist – Washington

"No sabemos si la medicación que te de funcionará o no. Y en cierta medida es prueba y error. Nunca se sabe si es la droga correcta".

Psychiatrist – Michigan

"¿Cuánta gente ha curado? Bueno no hay curas reales en al psiquiatría".

Psychiatrist Netherlands

No he curado a ninguno de mis pacientes. Se nos reta siempre por nuestra falta de conocimiento. No sabemos lo que causa la enfermedad mental. No sabemos sus causas. Sería bueno saber las razones exactas de los trastornos quizá en el futuro".

EL DSM V ha aumentado 10 veces su tamaño original. Y etiqueta a todo el mundo. Podría encontrar 5 diagnosis que encajarían contigo o con cualquiera.

Compara esto con los métodos de la investigación de la patología, una ciencia real, que descubre enfermedades reales, usando una amplia variedad de pruebas de diagnóstico precisas.

Los científicos hacemos millones de test de laboratorio, al igual que exámenes estructurales y al microscopio. Es una serie completa de procedimientos científicos aplicados. En el caso de la psiquiatría no existe herramienta de laboratorio que pueda identificar con precisión una enfermedad psiquiátrica. No hay un estudio del tejido o algún estudio del cuerpo o de la materia. Todas esas categorías son inventadas, no existen en la realidad. Los psiquiatras las deciden y votan por ellas.

Los psiquiatras no son los únicos que se benefician con el DSM. Siempre que se encuentra un diagnóstico psiquiátrico, se encontrará una droga psiquiátrica.

Las corporaciones farmacéuticas contribuyen con enormes sumas de dinero para la educación de los aprendices de psiquiatra y para el apoyo económico de la investigación de sus profesores. Así, la psiquiatría hoy se ha vuelto, casi por completo en EE.UU., aprender qué droga usas con qué enfermedad o desorden.

Por ejemplo, con el analgésico solo aliviamos los síntomas sin examinar el origen causante de ese dolor. Lo mismo ocurre con los psicofármacos. Si tienes ansiedad tienes que tomar ansiolíticos que la eliminarán; si te sientes deprimido toma esto y te sentirás mejor. Pero ¿qué origina esa ansiedad o esa depresión? Sería más certero saber el origen para actuar sobre él. Son los psiquiatras, los psicólogos, quienes tienen que encontrar ese origen y hacer que el paciente se enfrente a él, porque es la única que hay para vencerlo. Sería fácil culpar a los médicos en salud mental de este atropello y de sus manoseadas soluciones psicofarmacéuticas, pero ellos no tienen la culpa por completo porque eso es lo que les enseñan en las Escuelas de Medicina y Psiquiatría, y porque además eso es lo que dicen los libros de psiquiatría, los mismos libros que están financiados por empresas psicofarmacéuticas.

Necesitamos asegurarnos el entender la interacción muy cercana entre la Asociación Psiquiátrica Americana con su DSM. Las compañías farmacéuticas que adoran que cuando hay una nueva adición al DSM, hay docenas más de categorías, y más condiciones para que las farmacéuticas digan: Tenemos una píldora para eso.

En el 2006 un estudio reveló que el 56% de los psiquiatras que decidían qué trastornos incluir en el siguiente en el DSM, tienen lazos financieros con al menos una compañía farmacéutica.

Hoy vemos las consecuencias: un aluvión de drogas. Cada una dirigida a un trastorno inventado que está apoyado por un diagnóstico arbitrario en el DSM.

El hecho de que esté expresado en el lenguaje científico, sin tener de nuevo ningún dato científico, o cimientos para justificarse, intimida tanto como todo lo visto hasta ahora.

Para saber si una persona es hipertensa se le mide la presión arterial, pero no hay un instrumento capaz de "medir" síntomas a nivel psíquico, y los intentos por definir a estos "objetivamente", es decir, más allá de cualquier apreciación subjetiva, no han tenido éxito y es posible que nunca lo tengan.

De modo que es difícil contrastar empíricamente la "sospecha" de que existe sobremedicación en esta área de la salud, sin echar mano de criterios éticos y hasta ideológicos: los fenómenos sociales son complejos, y el creciente aumento en las ventas de psicofármacos puede atribuirse tanto a la agresividad del marketing farmacéutico (que crea en la población la necesidad y hasta el deseo de consumirlos, como cualquier otro producto que tenga publicidad directa o indirecta), como a una situación social de crisis que acrecienta la incidencia de cuadros psiquiátricos.

El paradigma general de la salud como mercado es justamente "ir pasando de la medicación sugerida por los médicos a la automedicación, a sentirse libre de consumir lo que quiera, pero como consumidor instala esta idea de que no hay que tener dolores y que si uno los tiene debe resolverlos de inmediato, la pastilla es una droga más de esas en las que los seres humanos buscamos algún tipo de consuelo, como el alcohol o un derivado del opio, solo que existe la convicción de que con eso estamos resolviendo algún problema de nuestra salud".

En el tratamiento hay, entonces, una responsabilidad compartida, y en la medicación también. "Muchas personas evitan reflexionar sobre lo que les pasa, comprenderlo y entonces hacer modificaciones en sus vidas. Por ejemplo, se someten a situaciones de estrés, no pueden dormir y prefieren resolverlo con una medicación hipnótica antes que modificar las condiciones de vida. Y, en paralelo, el profesional evita hablar de cosas que son penosas".

El problema parece darse cuando los criterios diagnósticos hacen juego con ciertos prejuicios y "mandatos": "Si una persona tiene una pérdida afectiva o atraviesa un cambio de etapa vital, necesariamente esto implica un duelo por aquello que perdió, pero en la sociedad actual hay cierta tendencia a evitar los duelos, porque implican un cierto saludable sufrimiento, y podrían catalogarse como enfermedad, como depresión, por ejemplo".

Y contra ese pensamiento mágico, muy parecido al que alienta el sueño consumista, debe debatirse el (sano) criterio de cada uno para discernir entre lo saludable y lo que no lo es.

Y el último y más caro ardid para engañar al público y tratar de imitar la medicina legítima, es escanear al cerebro. Podemos escanear todos los cerebros, pero el ver cambios en diferentes cerebros en funcionamiento, no significa haber descubierto algo originado en el cerebro. Solo vemos cambio, pero no significa que algo vaya mal en el cerebro.

Psiquiatras y psicólogos usan el DSM para etiquetar a cuatrocientos cincuenta millones de personas en el mundo como enfermos mentales.

Un total igual a la población de Francia, Italia, Alemania, Canadá, Australia, Reino Unido y Rusia combinadas.

Mientras la venta de drogas psiquiátricas superó los 27 mil millones de dólares al año, los fondos de los gobiernos del mundo para esos pacientes le dan beneficios brutos a la psiquiatría de 440 mil millones de dólares al año.

Y un gran parte de ello proviene del diagnóstico y de las drogas que se recetan a los más confiados y vulnerables.

## LOS NIÑOS EN LA MIRA DE LA PSIQUIATRÍA

En 1950, psiquiatras y psicólogos de todo el mundo se reunieron en la Casa Blanca para proponer una reorientación total del sistema público escolar.

La conferencia en la Casa Blanca, sobre salud mental en la década de los años cincuenta, fue un hito que sirvió para apuntalar la idea de que las escuelas servirían mejor a su comunidad como clínicas de salud metal que como instituciones de aprendizaje.

A principios de la década de los sesenta, la psiquiatría comenzó a progresar. Poco a poco se introducen a las escuelas cambiando el sistema educativo.

Para 1965 se convirtió en ley, se les dio luz verde a los psiquiatras para que etiquetaran a los estudiantes y drogarán a los estudiantes al por mayor.

Un niño es etiquetado con ADD o ADHD en el momento en que no puede estar sentado por un periodo de 10 a 15 minutos, o si habla constantemente, o ignora al maestro por completo. Eso lo hará merecedor de una etiqueta de ADD o ADHD.

En 1987, se etiquetaba libremente a los niños con el trastorno de déficit de atención e hiperactividad, TDH.

En un año se diagnosticó a 500 mil niños americanos con este trastorno. Para 1994 esa cantidad se había elevado a 4.4 millones.

Como respuesta a la alarma pública generalizada por la aparente epidemia de enfermedad mental, los institutos nacionales de salud financiados por el gobierno de Estados Unidos reunieron un prominente grupo de médicos para explicarles a los padres y educadores exactamente que era el TDH.

Pero esta escandalosa misión no detuvo a los psiquiatras de las escuelas, dos años después el número de estudiantes americanos diagnosticados con el TDH se elevó a 6 millones.

Hoy, a 20 millones de niños en el mundo se les ha etiquetado con un tipo de trastorno de aprendizaje, un diagnóstico a menudo hecho en cuestión de minutos.

"...Nos sentábamos en un espejo de dos lados con los padres, entonces observábamos al niño. Les hacíamos actividades manipuladoras para ver cuál era su déficit. Estaba mal lo que hacíamos. Mirar 5 minutos en la vida de este niño. Y decir: bien ya está, una pastilla, tómala vas a estar bien...Con solo eso podían diagnosticar a un niño".

Madre de una niño de 9 años

Esas pildoritas como Ritalin, las clasifica la administración para el control de estupefacientes de EE.UU., como sustancias muy adictivas al igual que la cocaína, la heroína y la metanfetamina.

Testimonio de James

"Cuando tomaba Ritalin, me hacía sentirme diferente como si no fuera yo. Me sentía como si fuera otra persona".

Testimonio de Michael

"Estaba fuera de mí. Me estaba volviendo loco".

Testimonio de Jessica

"Me sentía confusa todo el tiempo. Que no estaba ahí, que no era humana".

Testimonio de Justin

"Mi madre no me acosaba, pero creía que yo tenía ADHD, que algo andaba mal conmigo. Pensé que ella se sentiría mal y sentiría tristeza si me moría. Pero luego pensé que me echaría mucho de menos, y la amaba a ella un poco más que a mi deseo de matarme, era una sensación que me atormentaba. Llegué a odiar esos medicamentos.

La abundancia de medicamentos recetados creó una nueva fuente de ingreso para los chicos, vender sus medicamentos a sus compañeros".

Dr. Sonja Muhammed – Marriage and Family Counselor

"Se llama 'cocaína de niños'. Toman sus Ritalin, y lo venden en el campus".

Testimonio de Derek

"Me imaginé que si iba a tomar drogas, podría sacar provecho. Acabé tomando drogas de la calle, y luego acabe realmente muy mal".

Dr. Sonja Muhammed – Marriage and Family Counselor

"Vemos a la marihuana como la entrada a otras drogas. Y realmente los llamados 'medicamentos' son drogas más adictivas, como el Ritalin. Te sale el tiro por la culata, pues si el niño ya es destructivo y toma cocaína, va a ser más destructivo después de que la tome. Esta no lo va a tranquilizar".

Father of Child – Forced Onto Psychiatric Drugs

"¡Pum! Tomaba drogas y cambió su personalidad y comportamiento: Se hizo caprichosa, sombría y violenta, y era una pesadilla".

Testimonio de Mother of Child – Forced onto Psychiatric Drugs

"Continuó con reacciones adversas, volviéndose muy, muy enojado. No podía controlar su conducta y temperamento".

Foster Mother of Child – Forced Onto Psychiatric Drugs

"Tomaba 5 tipos de medicamentos psiquiátricos entre ellos el Prozac, y litio. Tenía 7 años y era incapaz de funcionar. Tenía arrebatos de furia, de llanto y toda clase de arrebatos violentos agarrando cuchillos y todo".

La lista incluye a Kip Kinkel de 15 años en retirada del Prozac, cuando disparó a 22 compañeros matando a dos, tras matar a su madre y al padrastro en casa, en Springfield, Oregón.

Jason Hoffman, de 18 años, tomaba Effexor y Celexa y abrió fuego en su escuela en california hiriendo a 5 personas.

Shawn Cooper, de 15 años, bajo antidepresivos disparó a estudiantes en Idaho.

Eric Harris, de 17 años, tomaba Luvox, cuando él y su compañero Dylan Klebold mataron a 12 compañeros y un profesor en la masacre escolar más sangrienta.

Y todo esto eclipsa la mismísima razón de que los niños acudan a la escuela para recibir una educación.

Desde 1970, Estados Unidos ha caído del noveno al vigésimo octavo lugar el ranking académico nivel mundial.

Durante ese mismo periodo, el número de estudiantes americanos etiquetados con trastorno de aprendizaje se disparó. Y la venta de drogas para el TDH se multiplicó 32 veces.

Dr. Thomas Szasz – Professor and Author The Myth Of Mental Illnes

"Los niños no piden drogas psiquiátricas; los niños no piden ser diagnosticados. No quieren que se les llame locos. Así que se impone la clásica pregunta romana: ¿Qui bono? ¿A quién beneficia? A la gente que hace la diagnosis".

## LOS PSIQUIATRAS

La psiquiatría debería entrar en el Gobierno; los políticos deberían escuchar a los psiquiatras. Los psiquiatras deben estar en cada parlamento y deberían dirigir y controlar las actividades políticas. Ese es su objetivo.

La psiquiatría: influencia oculta

En poco más de un siglo la psiquiatría ha infiltrado en la sociedad a escala global, y no fue un accidente.

La gente ignora que en 1940 el coronel J.R. Rees, psiquiatra británico destacado, habló al Consejo Nacional de Higiene Mental y estableció un plan de 60 años para la psiquiatría. Desde entonces, se le ha dado autoridad, en casi cada sector de la sociedad, con trágicos resultados.

El plan maestro de la psiquiatría

Debemos hacer que la psiquiatría impregne cada actividad educativa de nuestra nación. Nuestra esfera influenciada debe incluir la vida pública, política y la industria.

Hemos atacado con eficacia un número de profesiones. Las dos más fáciles, naturalmente son la enseñanza y la iglesia. Las más difíciles son el Derecho y la Medicina.

El psiquiatra G.B. Chisholm cofundador de la federación mundial de la salud mental, más tarde detalló los planes de la psiquiatría: "Para lograr el gobierno mundial hay que eliminar de la mente del hombre su individualismo, su lealtad a las tradiciones familiares, su patriotismo nacional y sus dogmas religiosas".

Para implementar su plan maestro, los psiquiatras americanos convencieron al Congreso de EE.UU. que la enfermedad mental era una amenaza nacional que solo ellos con un enorme aumento de fondos podrían resolver, y así comenzaron los enormes gastos del Gobierno de EE.UU. para la investigación psiquiátrica, que ha escalado de un millón de dólares al año, en 1946, a 1.4 mil millones de dólares hoy. Un incremento de más de 139 mil por ciento. Al esparcirse la influencia psiquiátrica de EE.UU., también se lo hacen en todo el mundo, detrás de cada crisis mundial, se encontraba la mano de la psiquiatría. Por ejemplo, el psiquiatra serbio Jovan Raskovic, quien exigió la limpieza étnica de croatas y musulmanes debido a su firme creencia en su inferioridad racial.

El resultado fue Bosnia en la década de 1990, donde el colega de Raskovic, el psiquiatra Radovan Karadžić, y el primer ministro establecieron campos de concentración en los Balcanes, donde una vez más se torturó en masa, se violó y se asesinó a inocentes.

Un psiquiatra mental explico cómo se hizo:

Es muy difícil matar a un millón de personas; técnicamente es difícil. Los alemanes eran buenos técnicos, y solo pudieron exterminar a 6 millones de judíos. Por ejemplo, los serbios hacían masacres de 100 a 200 personas, o violaban a 100 mujeres, o 100 chicas, para que estuvieran aterrorizadas y huyeran. Luego viene una tierra étnicamente pura.

Con el condicionamiento de Pavlov con un siglo de antigüedad unido a las técnicas modernas de control mental, psiquiatras y psicólogos pueden convertir al hombre promedio e incluso a los niños en asesinos de masa.

Se les puede entrenar para usar armas, y a disparar a la gente casi sin sentir o pensar. Se les puede entrenar para usar procedimientos abusivos y brutales, para conseguir información sin vacilación ni preocupación.

Así es como se crean los terroristas. Después del 11 de setiembre, Osama Bin Laden fue calificado como el cerebro detrás de los ataques, pero el experto reconocido y comandante de Al Qaeda es Ayman Al-Zawahiri, educado en psicología y farmacología, en la universidad de El Cairo y autor del Manual de entrenamientos de Al Qaeda, sobre el uso de la psiquiatría coactiva. Y quien produjo las explosiones en Madrid fue otro agente de Al Qaeda, que se basa en la misma técnica de manipulación mental.

Se les puede implantar recuerdos, los recuerdos son fuentes potentes de conducta motivada. Si se implantan suficientes recuerdos de tipo específico, se puede formar y cambiar el pensar y los sentimientos humanos.

Se pensó que era como un arma suprema. ¿Qué mayor arma puede existir que controlar la mente humana? Se pueden controlar las mentes. Y se puede mover a la gente por ahí. Si se controla su vida, es fácil controlar su mente.

Si miramos la psiquiatría y la psicología, el control social es lo primero en el plan. Y esa agenda se está poniendo en vigor en el mundo ahora mismo con campañas de chequeo mental, presentadas al público con nombres tan inocuos como "chequeo de adolescentes".

El Gobierno de los EEUU lo impulsa, y desea encaminar a cada niño en el sistema escolar público. Todos los niños son puestos bajo este tipo de test para evaluación psiquiátrica: Un test de 10 minutos que no les dice nada.

Vaticino que a más del 90% de la gente examinada se le diagnosticará tener un trastorno psiquiátrico. Lo que significa que tendremos toda una generación que será un centro de ganancias perfecto.

El hombre detrás del programa del chequeo de adolescentes es el psiquiatra David Shaffer, asesor del departamento de defensa de EE.UU.

No solo clasifican niños para controlar a 52 millones de escolares en la escuela, clasificarán a sus padres, y clasifican a todos los adultos de América.

Estos nuevos niños serán consumidores por mucho más tiempo hasta que mueran, por eso se enfocan en los niños, serán potenciales consumidores conforme vayan creciendo.

La idea de un examen mental en masa a la población de EE.UU. como iniciativa del Gobierno, es una de las más atemorizantes que he oído.

La psiquiatría es política, siempre ha sido política, es política pura y simple, porque la psiquiatría es siempre la aplicación de la fuerza contra la gente que no quiere ser forzada.

Es triste y más vale que los padres despierten, más vale a la sociedad que despierte o va a tener problemas si no lo hace.

El plan maestro de la psiquiatría de infiltrarse en todos los sectores de la sociedad se está convirtiendo en realidad.

No tenemos una epidemia de enfermedad mental, tenemos una epidemia de psiquiatría, se puede y se debe hacer algo al respecto.

www.ingramcontent.com/pod-product-compliance
Lightning Source LLC
Chambersburg PA
CBHW050514290526
45786CB00007B/2555